히어로 왕초보
중국어 단어

히어로 왕초보
중국어 단어

초판 2쇄 발행   2021년 3월 20일
초판 1쇄 발행   2017년 8월 30일

저자	더 콜링_김정희
감수	왕러(王乐)
기획	김은경
편집	이지영
발행인	조경아
발행처	**랭귀지북스**
주소	서울시 마포구 포은로2나길 31 벨라비스타 208호
전화	02.406.0047 **팩스** 02.406.0042
등록번호	101-90-85278 **등록일자** 2008년 7월 10일
이메일	languagebooks@hanmail.net
MP3 다운로드	blog.naver.com/languagebook
ISBN	979-11-5635-067-5 (10720)
값	8,500원

ⓒLanguageBooks, 2017

이 책은 저작권법에 따라 보호받는 저작물이므로 무단 전재와 무단 복제를 금지하며,
이 책 내용의 전부 또는 일부를 이용하려면 반드시 저작권자와 **랭귀지북스**의
서면 동의를 받아야 합니다. 잘못된 책은 구입처에서 바꿔 드립니다.
이 도서의 국립중앙도서관 출판예정도서목록(CIP)은 서지정보유통지원시스템 홈페이지
(http://seoji.nl.go.kr)와 국가자료공동목록시스템(http://www.nl.go.kr/kolisnet)에서 이용
하실 수 있습니다.(CIP제어번호: CIP2017017962)

히어로 왕초보
중국어 단어

랭귀지북스

Preface 머리말

내 손안에 쏙 들어오는 〈**히어로 왕초보 중국어 단어**〉는 일상에서 쓸 수 있는 중국어 단어만을 담았습니다. 중국어는 세계에서 가장 많은 인구수가 사용하는 언어로, 최근 가장 핫하게 떠오르는 외국어이기도 합니다. 중국의 세계적 지위가 급부상될 것으로 예견되는 만큼 많은 사람들이 중국어를 배우며, 중고등학교의 제2외국어로 가장 많이 선택합니다. 세계에서 가장 많은 사람들과 소통할 수 있는 언어인 중국어를 자신 있게 시작해 보세요.

이 책은 우리말과 같은 듯 다르고 쉬운 듯 어려운 중국어 학습의 묘미를 중심으로, 다양한 주제별 단어를 익힐 수 있도록 구성했습니다.

나의 중국어 실력을 빛나게 할 작지만 강한 책으로 이제 당신도 중국어 히어로가 될 수 있습니다.

더 콜링_김정희

About this book 이 책의 특징

● 막힘없이 쉽게!

왕초보부터 초·중급 수준의 중국어 학습자를 위한 필수 단어 포켓북입니다. 중국에서 가장 많이 쓰는 필수 어휘를 엄선해, 소개부터 쇼핑, 여행, 사건&사고까지 세세하게 구성했습니다. 일상생활에서 꼭 필요한 대표적인 주제 26개를 선정해 약 3,000여 개의 어휘를 담았습니다.

● 리얼 발음으로 쉽게!!

왕초보도 중국어를 쉽게 읽을 수 있도록 중국에서 사용하는 표준 발음과 최대한 가깝게 한글 발음을 표기했습니다. 한글 발음 표기로 이제 자신 있게 리얼 발음을 구사해 보세요.

● 어디서나 쉽게!!!

한손에 쏙 들어오는 크기로, 24시간 주머니 속에 넣고 다니며 필요할 때마다 꺼내 어휘를 익힐 수 있습니다. 지금부터는 포켓 사이즈 〈**히어로 왕초보 중국어 단어**〉로 언제 어디서든 마음껏 확인해 보세요.

· 중국어란?

중국의 다수 민족인 한족(汉族 Hànzú 한쭈)이 쓰는 언어로 한어(汉语 Hànyǔ 한위)라고 하며, 표준어라는 뜻의 푸퉁화(普通话 pǔtōnghuà 푸퉁후아)라고도 합니다. 중국어는 우리의 한자와 모양이 다른 '간화자'를 쓰며, '한어병음'으로 발음을 표기합니다. (대만, 홍콩 등에서는 우리와 같은 한자(번체자)를 사용합니다.)

1. 중국어의 특징

① 표의문자로, 각 글자마다 독립된 의미를 가지고 있습니다.

② 격조사가 없으며, 격에 따른 변화도 없습니다.

③ 주어의 인칭이나 시제에 따른 동사 변화나 우리말처럼 어미 변화가 없습니다. 따라서 부사나 조사 등으로 간단하게 시제를 표현합니다.

④ 기본 어순은 '주어+술어+목적어'인 것이 우리말과의 가장 큰 차이입니다. 이 외에는 우리말 어순과 비슷합니다.

⑤ 우리말과 달리 띄어쓰기가 없습니다.

⑥ 존칭어가 발달되지 않아, 존칭의 표현이 간단합니다.

2. 간화자

간화자(简化字 jiǎnhuàzì 지엔후아쯔)는 간체자(简体字 jiǎntǐzì 지엔티쯔)라고도 합니다. 중국의 문자 개혁에 따라 한자를 간략한 모양으로 만들어 중국에서 사용하는 한자를 말합니다.

3. 한어병음

MP3. U00

한어병음(汉语拼音 Hànyǔ pīnyīn 한위 핀인)은 중국어 음절의 소리를 로마자로 표기한 것입니다. 한어병음은 성모, 운모, 성조로 이루어져 있습니다.

① 성모

우리말의 자음과 비슷한 역할을 하며, 21개입니다.

1. 윗입술과 아랫입술을 붙였다 떼면서 내는 소리

    b 뽀   p 포   m 모

1-1 윗니와 아랫입술을 붙였다 떼는 소리

    f 포

2. 혀끝을 윗잇몸 뒤에 대고 내는 소리

    d 떠   t 터   n 너   l 러

3. 혀뿌리를 안쪽 입천장에 댔다가 떼면서 내는 소리

    g 꺼   k 커   h 허

4. 혓바닥을 입천장에 댔다가 떼면서 내는 소리

    j 지   q 치   x 시

5. 혀를 말아서 입천장에 대지 않고 내는 소리

    zh 즈   ch 츠   sh 스   r 르

6. 혀끝으로 윗니 뒤를 밀면서 내는 소리

　　z 쯔　　c 츠　　s 쓰

② 운모

우리말의 모음과 비슷한 역할을 하며 단운모 6개 및 복운모, 비운모, 권설운모가 있습니다.

1. 단운모

　　a 아　　*o 오　　**e 어　　i 이　　u 우　　***ü 위

　* 우리말의 [오]와 [어]의 중간으로 발음합니다.
　** 우리말의 [으]와 [어]의 중간으로 발음합니다.
　*** 입술 모양은 [우]를 한 상태에서 [위]를 발음합니다.

2. 복운모

　　ai 아이　　ao 아오　　ou 어우　　ei 에이

　　ia 이아　　ie 이에　　iao 야오　　iou 여우

　　ua 우아　　uo 우어　　uai 와이　　uei 웨이

　　üe 위에

3. 비운모

an 안 ang 앙 *ong 웅 en 언 eng 엉

ian 이엔 iang 이앙 in 인 ing 잉 **iong 이웅

uan 우안 uen 우언 uang 우앙 ueng 우엉

ün 윈 üan 위엔

* 우리말의 [옹]과 [웅]의 중간으로 발음합니다.
** 우리말의 [이옹]과 [이웅]의 중간으로 발음합니다.

4. 권설운모

*er 얼

* 혀끝이 입천장에 닿지 않도록 주의합니다.

③ 성조

소리의 높낮이를 나타내는 요소로, 중국어의 표준어에는 제1~4성과 경성이 있습니다.

제1성　　　　제2성
ā　　　　　　á

성조	발음	발음 방법	예
제1성	ā	가장 높은 음⑤에서 시작하여 같은 높이⑤로 소리 냅니다.	妈 mā 엄마
제2성	á	중간음③에서 시작하여 가장 높은 음⑤까지 올리며 소리 냅니다.	麻 má 삼베
제3성	ǎ	약간 낮은 음②에서 시작하여 제일 낮은 음①까지 내렸다가 높은 음④까지 올리면서 소리 냅니다.	马 mǎ 말
제4성	à	가장 높은 음⑤에서 가장 낮은 음①까지 급하게 내려가면서 소리 냅니다.	骂 mà 꾸짖다
경성	a	본래의 성조가 변하여 짧고 가볍게 소리 내는데, 앞의 성조에 따라 높이가 다릅니다.	吗 ma 의문조사

- 경성

제1성 + 경성

妈妈
māma
엄마

제2성 + 경성

爷爷
yéye
할아버지

제3성 + 경성

奶奶
nǎinai
할머니

제4성 + 경성

爸爸
bàba
아빠

④ **성조의 변화**

1. 제3성의 변화

   '제3성+제3성'은 발음할 때 '제2성+제3성'으로 변합니다.
   단, 성조 표기는 변하지 않습니다.

   nǐ hǎo [ní hǎo]

2. 반3성

   제1, 2, 4성과 경성 앞의 제3성은 내려가는 부분 (②-①)만 소리 내는데, 이를 반3성이라고 합니다.

3. 不의 성조 변화

   '不 bù 뿌'는 원래 제4성이지만, 뒤에 제4성의 음절이 오면, 제2성 'bú 부'로 변하며, 표기도 제2성으로 합니다.

   bùshì ➔ búshì

4. 一의 성조 변화

'一 yī 이'는 원래 제1성이지만, 뒤에 제4성의 음절이 오면 제2성 'yí 이'로, 제1, 2, 3성의 음절이 오면 제4성 'yì 이'로 변합니다.
단, 서수로 쓰일 때는 그대로 제1성입니다.

dì yī kè

yī cì ➔ yí cì

yī biān ➔ yì biān

⑤ 한어병음 표기법

1. 성조는 운모 위에 표기합니다. 운모가 여러 개일 때는 입이 크게 벌어지는 운모(a > o > e > i, u, ü) 순으로 표기합니다.
단, i, u는 뒤에 오는 운모에 성조를 표기합니다.

hǎo   xiē   duì   jiǔ

2. i에 성조를 표기할 때는 i 위의 점을 빼고 표기합니다.

jǐ   qī

3. i, u, ü가 성모 없이 운모 단독으로 쓸 때는 다음과 같이 표기합니다.

　　i　➜　yi

　　u　➜　wu

　　ü　➜　yu　(ü 위의 점 두 개를 빼는 것에 주의)

4. ü는 성모 j, q, x와 결합할 때는 ü 위의 점 두 개를 빼고 u로 표기합니다.

품사 표기법
본 책에서 사용된 품사 표기법을 참고하세요.

명 명사	형 형용사	동 동사	부 부사
양 양사	성 성어	관 관용어	신 신조어

Contents 차례

- 중국어란?   6

第一单元	소개	18
第二单元	감사 & 사과	26
第三单元	신체	36
第四单元	감정 & 성격	48
第五单元	사랑	60
第六单元	가족	70
第七单元	시간 & 날짜	80
第八单元	날씨 & 계절	92
第九单元	동물 & 식물	104
第十单元	가정	120
第十一单元	옷	130
第十二单元	음식	142
第十三单元	취미	156

第十四单元	전화 & 인터넷	170
第十五单元	학교	184
第十六单元	일	198
第十七单元	음식점 & 카페	214
第十八单元	상점	228
第十九单元	병원 & 은행	240
第二十单元	교통	256
第二十一单元	운전	272
第二十二单元	숙박	286
第二十三单元	관광	296
第二十四单元	사고 & 사건	310
第二十五单元	숫자	322
第二十六单元	위안(중국 화폐)	332

第一单元 소개
介绍 지에사오

MP3. U01

□ 名字 míngzi 밍쯔 명 이름

□ 姓 xìng 싱 명 성 동 성이 ~이다

□ 姓名 xìngmíng 싱밍 명 성

□ 贵姓 guìxìng 꾸이싱 명 성(높임말)

□ 外号 wàihào 와이하오 명 별명
  = 绰号 chuòhào 추어하오

□ 名片 míngpiàn 밍피엔 명 명함

□ 性别 xìngbié 싱비에 명 성별

□ 男人 nánrén 난런 명 남자
  = 男子 nánzǐ 난쯔

□ 男性 nánxìng 난싱
  명 남자, 남성 형 남자의, 남성의

- 男子汉 nánzǐhàn 난쯔한 명 사나이, 대장부

- 女人 nǚrén 뉘런 명 여자
  = 女子 nǚzǐ 뉘쯔

- 女性 nǚxìng 뉘싱
  명 여자, 여성 형 여자의, 여성의

- 先生 xiānsheng 시엔성
  명 선생(호칭), ~씨(성인 남자에 대한 경칭)

- 女士 nǚshì 뉘스 명 부인, 여사

- 小姐 xiǎojiě 샤오지에
  명 아가씨, 미스(결혼하지 않은 여자를 높여 부르는 말)

- 年纪 niánjì 니엔지 명 나이

- 生日 shēngrì 성르 명 생일

- 国家 guójiā 구어지아 명 국가, 나라

- 国籍 guójí 구어지 명 국적

- 语言 yǔyán 위이엔 [명] 언어

- 汉语 Hànyǔ 한위 [명] 중국어

- 英语 Yīngyǔ 잉위 [명] 영어

- 韩语 Hányǔ 한위 [명] 한국어

- 日语 Rìyǔ 르위 [명] 일본어

- 法语 Fǎyǔ 파위 [명] 프랑스어

- 德语 Déyǔ 더위 [명] 독일어

- 工作 gōngzuò 꿍쭈어 [명] 일, 직업 [동] 일하다

- 职业 zhíyè 즈이에 [명] 직업

- 行业 hángyè 항이에 [명] 직업, 업무

- 专业 zhuānyè 주안이에 [명] 전공

- 辅修专业 fǔxiū zhuānyè 푸시우 주안이에 [명] 부전공

- 宗教 zōngjiào 쭝쟈오 명 종교

- 佛教 Fójiào 포쟈오 명 불교

- 基督教 Jīdūjiào 지뚜쟈오 명 기독교

- 天主教 Tiānzhǔjiào 티엔주쟈오 명 천주교

- 伊斯兰教 Yīsīlánjiào 이쓰란쟈오 명 이슬람교

- 印度教 Yìndùjiào 인두쟈오 명 힌두교

- 电话号码 diànhuà hàomǎ 띠엔후아 하오마 명 전화번호

- 地址 dìzhǐ 띠즈 명 주소

- 住 zhù 주 동 살다; 숙박하다, 묵다

- 介绍 jièshào 지에사오 명 소개 동 소개하다

- 认识 rènshi 런스 동 알다, 인식하다

- 熟人 shúrén 수런 몡 아는 사람, 단골손님

- 问好 wènhǎo 원하오 동 안부를 전하다

- 问候 wènhòu 원허우 동 안부를 묻다

- 打招呼 dǎ zhāohu 다 자오후 동 인사하다

- 你好! Nǐ hǎo! 니 하오! 안녕하세요!

- 见到你，很高兴。
  Jiàndào nǐ, hěn gāoxìng. 지엔따오 니, 헌 까오싱
  만나서 반갑습니다.

- 认识你，很高兴。
  Rènshi nǐ, hěn gāoxìng. 런스 니, 헌 까오싱
  알게 되어 반갑습니다.

- 初次见面。Chūcì jiànmiàn. 추츠 지엔미엔
  처음 뵙겠습니다.

- 请多多指教。Qǐng duōduō zhǐjiào.
  칭 뚜어뚜어 즈쟈오 잘 부탁드립니다.

- [ ] 久仰久仰。 Jiǔyǎng jiǔyǎng. 지우양 지우양
  말씀 많이 들었어요.

- [ ] 早。 Zǎo. 짜오 안녕하세요. (아침 인사)
  = 早上好。 Zǎoshang hǎo. 짜오상 하오
  = 早安。 Zǎo'ān. 짜오안

- [ ] 午安。 Wǔ'ān. 우안
  안녕하세요. (점심 인사)

- [ ] 晚上好。 Wǎnshang hǎo. 완상 하오
  안녕하세요. (저녁 인사)

- [ ] 晚安。 Wǎn'ān. 완안
  안녕히 주무세요.

- [ ] 你好吗？ Nǐ hǎo ma? 니 하오 마? 잘 지내요?
  = 你过得好吗？ Nǐ guò de hǎo ma?
    니 꾸어 더 하오 마?

- [ ] 你吃饭了吗？ Nǐ chīfàn le ma?
  니 츠판 러 마? 식사하셨어요?

☐ **好久不见。** Hǎojiǔ bújiàn. 하오지우 부 지엔
오랜만이에요.
= **好久没见。** Hǎojiǔ méi jiàn.
하오지우 메이 지엔

☐ **再见。** Zàijiàn. 짜이지엔 안녕히 가세요.

☐ **一会儿见。** Yíhuìr jiàn. 이후얼 지엔
또 만나요.

☐ **明天见。** Míngtiān jiàn. 밍티엔 지엔
내일 만나요.

☐ **慢走。** Màn zǒu. 만 쩌우 조심히 가세요.

☐ **请留步。** Qǐng liúbù. 칭 리우뿌
나오지 마세요.

☐ **请问。** Qǐngwèn. 칭원 실례합니다.

☐ **周末快乐！** Zhōumò kuàilè! 저우모 콰이러!
좋은 주말 되세요!

01

- **欢迎** huānyíng 후안잉 [동] 환영하다

- **邀请** yāoqǐng 야오칭 [동] 초대하다
  = **招待** zhāodài 자오따이

- **邀请书** yāoqǐngshū 야오칭수 초대장

- **客人** kèrén 커런 [명] 손님, 방문객

- **朋友** péngyou 펑여우 [명] 친구

- **好友** hǎoyǒu 하오여우 [명] 친한 친구

- **挚友** zhìyǒu 즈여우 [명] 진실한 친구, 막역한 친구

- **同伴** tóngbàn 퉁빤 [명] 벗, 동료, 동반자

- **搭档** dādàng 따땅 [명] 짝, 파트너, 콤비

第二单元 감사 & 사과
感谢和道歉 간시에 허 따오치엔　　MP3. U02

☐ **感谢** gǎnxiè 간시에 圐 감사 동 감사하다

☐ **谢谢** xièxie 시에시에 감사합니다, 고맙습니다

☐ **多谢** duōxiè 뚜어시에 대단히 감사합니다

☐ **谢意** xièyì 시에이 圐 감사의 뜻

☐ **不胜感激** búshènggǎnjī 부성간지
감사해 마지 않습니다

☐ **感恩戴德** gǎn'ēndàidé 간언따이더
성 감지덕지하다

☐ **客气** kèqi 커치 圐 예의바르다, 공손하다
동 사양하다; 체면을 차리다

☐ **热情** rèqíng 러칭 圐 열정 圐 친절하다, 열정적이다

□ **亲切** qīnqiè 친치에 명 친함, 친근감
  형 친절하다

□ **周到** zhōudào 저우따오 형 꼼꼼하다, 세심하다

□ **关心** guānxīn 꾸안신 명 관심 동 관심을 갖다

□ **关怀** guānhuái 꾸안화이 명 관심, 배려, 친절
  동 관심을 보이다, 보살피다

□ **宽大** kuāndà 쿠안따 형 관대하다, 너그럽다
  동 관대하게 대하다

□ **宽宏大量** kuānhóng dàliàng 쿠안훙 따리앙
  성 대범하다, 도량이 넓고 크다

□ **看** kān 칸 동 ~을 돌보다

□ **照顾** zhàogù 자오꾸 동 돌보다, 보살피다
  = **照料** zhàoliào 자오랴오

□ **关照** guānzhào 꾸안자오 동 돌보다

- 奋不顾身 fènbúgùshēn 펀부꾸선
  ⑧ 헌신적으로 분투하다

- 乐趣 lèqù 러취 ⑲ 즐거움, 재미

- 快乐 kuàilè 콰이러 ⑱ 즐겁다, 유쾌하다

- 助人为乐 zhùrénwéilè 주런웨이러
  ⑧ 남을 돕는 것을 기쁘게 생각하다

- 机会 jīhuì 지후이 ⑲ 기회

- 给~机会 gěi ~ jīhuì 게이 ~ 지후이
  ~에게 기회를 주다

- 等 děng 덩 ⑧ 기다리다
  = 等待 děngdài 덩따이

- 了解 liǎojiě 랴오지에 ⑧ 이해하다, 알다
  = 懂 dǒng 둥

- 理解 lǐjiě 리지에 ⑲ 이해 ⑧ 이해하다

□ 恩人 ēnrén 언런 圆 은인

□ 恩惠 ēnhuì 언후이 圆 은혜
= 恩情 ēnqíng 언칭

□ 慈悲 cíbēi 츠뻬이 圆 자비 图 자비를 베풀다

□ 鼓励 gǔlì 구리 图 격려하다

□ 劝告 quàngào 취엔까오 圆 충고, 권고
图 충고하다, 권고하다
= 忠告 zhōnggào 중까오

□ 劝说 quànshuō 취엔수어 图 충고하다, 타이르다

□ 称赞 chēngzàn 청짠 圆 칭찬 图 칭찬하다

□ 表扬 biǎoyáng 뱌오양 图 칭찬하다, 표창하다

□ 对不起 duìbuqǐ 뚜이부치 미안합니다

- 不好意思 bùhǎoyìsi 뿌하오이쓰 미안합니다

- 道歉 dàoqiàn 따오치엔 명 사과 동 사과하다

- 抱歉 bàoqiàn 빠오치엔 동 미안해하다

- 关系 guānxi 꾸안시 명 관계

- 原谅 yuánliàng 위엔리앙 동 용서하다, 양해하다

- 错 cuò 추어 명 틀림, 착오, 잘못
  형 틀리다, 맞지 않다

- 问题 wèntí 원티 명 문제; 고장

- 错误 cuòwù 추어우 명 잘못, 실수
  형 잘못되다, 틀리다

- 弄错 nòngcuò 눙추어 동 잘못하다, 실수하다
  = 犯错误 fàn cuòwù 판 추어우

□ 改正错误 gǎizhèng cuòwù 가이정 추어우
잘못을 바로 잡다

□ 打扰 dǎrǎo 다라오 동 방해하다, 폐를 끼치다
= 搅扰 jiǎorǎo 쟈오라오

□ 捣乱 dǎoluàn 다오루안 동 소란을 피우다,
성가시게 굴다

□ 打岔 dǎchà 다차
동 (남의 말이나 일을) 방해하다, 막다

□ 受到 shòudào 서우따오 동 ~을 받다

□ 收到 shōudào 서우따오 동 받다, 얻다

□ 接受 jiēshòu 지에서우 동 받아들이다,
수락하다

□ 困难 kùnnan 쿤난 명 곤란, 어려움
형 곤란하다, 어렵다

- □ 艰难 jiānnán 지엔난 [형] 곤란하다, 힘들다

- □ 难处 nánchu 난추 [명] 곤란, 고충

- □ 发生 fāshēng 파성 [동] 발생하다, 생기다

- □ 怪 guài 꽈이 [동] 책망하다, 원망하다

- □ 指责 zhǐzé 즈쩌 [명] 비난, 지적
  [동] 비난하다, 지적하다

- □ 故意 gùyì 꾸이 [부] 고의로, 일부러

- □ 借口 jièkǒu 지에커우 [명] 구실, 핑계
  [동] 구실로 삼다, 핑계를 대다

- □ 找借口 zhǎo jièkǒu 자오 지에커우
  구실로 삼다, 핑계를 대다

- □ 辩解 biànjiě 삐엔지에 [동] 해명하다, 변명하다

- □ 迟到 chídào 츠따오 [동] 지각하다

- 吃亏 chīkuī 츠쿠이 [동] 손해를 보다

- 损害 sǔnhài 쑨하이 [동] 손해를 주다, 손상시키다

- 损失 sǔnshī 쑨스 [명] 손실, 손해
  [동] 손실하다, 손해를 보다

- 损伤 sǔnshāng 쑨상 [명] 손상, 손해
  [동] 손해를 보다; 상처를 입다

- 忘 wàng 왕 [동] 잊다

- 忘记 wàngjì 왕지 [동] 잊어버리다
  = 忘掉 wàngdiào 왕땨오

- 想法 xiǎngfǎ 시앙파 [명] 생각, 의견
  = 主意 zhǔyì 주이

- 意图 yìtú 이투 [명] 의도

- 意见 yìjiàn 이지엔 [명] 의견

- **创意** chuàngyì 추앙이
  - 몡 새로운 의견, 아이디어
  - 동 새로운 경지를 펼치다

- **反复** fǎnfù 판푸 동 반복하다

- **重复** chóngfù 충푸 몡 중복, 반복
  동 중복하다, 반복하다

02

第三单元 신체
身体 선티

MP3. U03

- 身体 shēntǐ 선티 명 몸, 신체; 건강

- 锻炼身体 duànliàn shēntǐ 뚜안리엔 선티
  신체를 단련하다

- 身材 shēncái 선차이 명 몸매

- 人体 réntǐ 런티 명 인체

- 体型 tǐxíng 티싱 명 체형

- 头 tóu 터우 명 머리

- 头部 tóubù 터우뿌 명 머리 부위, 두부

- 脖子 bózi 보쯔 명 목

- 嗓子 sǎngzi 쌍쯔 명 목청, 목구멍

- 喉咙 hóulong 허우룽 명 목구멍

- 肩膀 jiānbǎng 지엔방 명 어깨

- 背 bèi 뻬이 명 등

- 胸 xiōng 시웅 명 가슴
  = 胸膛 xiōngtáng 시웅탕

- 胸部 xiōngbù 시웅뿌 명 가슴, 젖가슴

- 胸怀 xiōnghuái 시웅화이 명 가슴; 포부

- 肚子 dùzi 뚜쯔 명 배

- 腰 yāo 야오 명 허리

- 腰身 yāoshēn 야오선 명 허리, 몸매

- 屁股 pìgu 피구 명 엉덩이 (臀部의 낮은말)

- 臀部 túnbù 툰뿌 명 엉덩이, 둔부

- 胳膊 gēbo 꺼보 명 팔
  = 胳臂 gēbei 꺼베이

- 臂肘 bìzhǒu 삐저우 명 팔꿈치
  = 肘 zhǒu 저우

- 腿 tuǐ 투이 명 다리

- 大腿 dàtuǐ 따투이 명 허벅지

- 小腿 xiǎotuǐ 샤오투이 명 종아리

- 膝盖 xīgài 시까이 명 무릎

- 手 shǒu 서우 명 손

- 手腕 shǒuwàn 서우완 명 손목

- 右手 yòushǒu 여우서우 명 오른손

- 右撇子 yòupiězi 여우피에쯔 명 오른손잡이

- 左手 zuǒshǒu 쭈어서우 명 왼손

- 左撇子 zuǒpiězi 쭈어피에쯔 명 왼손잡이

☐ 手指 shǒuzhǐ 서우즈 몡 손가락

☐ 指甲 zhǐjia 즈지아 몡 손톱
 = 手指甲 shǒuzhǐjia 서우즈지아

☐ 脚 jiǎo 쟈오 몡 발

☐ 脚脖子 jiǎobózi 쟈오보쯔 몡 발목

☐ 脚跟 jiǎogēn 쟈오껀 몡 발꿈치

☐ 脚趾 jiǎozhǐ 쟈오즈 몡 발가락

☐ 脚趾甲 jiǎozhǐjia 쟈오즈지아 몡 발톱

☐ 脸 liǎn 리엔 몡 얼굴

☐ 脸色 liǎnsè 리엔쓰 몡 안색, 낯빛
 = 气色 qìsè 치써

☐ 脸型 liǎnxíng 리엔싱 얼굴형

☐ 额头 étóu 어터우 몡 이마

- [ ] 颊 jiá 지아 ^명 뺨, 볼
  = 脸颊 liǎnjiá 리엔지아

- [ ] 腮帮子 sāibāngzi 싸이빵쯔 ^명 뺨(광대 아랫쪽 부분)

- [ ] 下巴 xiàba 시아바 ^명 턱

- [ ] 眼睛 yǎnjing 이엔징 ^명 눈

- [ ] 眸子 móuzi 머우쯔 ^명 눈동자

- [ ] 眉毛 méimáo 메이마오 ^명 눈썹

- [ ] 睫毛 jiémáo 지에마오 ^명 속눈썹

- [ ] 双眼皮 shuāngyǎnpí 수앙이엔피 ^명 쌍꺼풀

- [ ] 鼻子 bízi 비쯔 ^명 코

- [ ] 高鼻子 gāobízi 까오비쯔 높은 코

- [ ] 扒鼻子 pábízi 파비쯔 납작코

- 嘴 zuǐ 쭈이 [명] 입
  = 嘴巴 zuǐba 쭈이바

- 嘴唇 zuǐchún 쭈이춘 [명] 입술

- 上唇 shàngchún 상춘 [명] 윗입술

- 下唇 xiàchún 시아춘 [명] 아랫입술

- 舌头 shétou 서터우 [명] 혀

- 牙 yá 야 [명] 이, 치아
  = 牙齿 yáchǐ 야츠 (牙의 낮은말)

- 牙龈 yáyín 야인 [명] 잇몸
  = 齿龈 chǐyín 츠인

- 耳朵 ěrduo 얼두어 [명] 귀

- 耳垂 ěrchuí 얼추이 [명] 귓불, 귓방울

- 个子 gèzi 꺼쯔 [명] 키

- 高 gāo 까오 [형] 키가 크다

- 矮 ǎi 아이 [형] 키가 작다

- 体重 tǐzhòng 티중 [명] 몸무게

- 体重秤 tǐzhòngchèng 티중청 [명] 체중계

- 胖 pàng 팡 [형] 뚱뚱하다

- 肥胖 féipàng 페이팡 [형] 뚱뚱하다, 비만하다

- 胖乎乎 pànghūhū 팡후후 [형] 포동포동하다, 뚱뚱하다

- 白胖胖 báipàngpàng 바이팡팡 [형] 희고 통통하다

- 苗条 miáotiáo 먀오탸오 [형] 날씬하다

- 瘦 shòu 서우 [형] 마르다, 여위다

- 皮肤 pífū 피푸 [명] 피부

- □ 酒窝 jiǔwō 지우워 명 보조개

- □ 皱纹 zhòuwén 저우원 명 주름

- □ 粉刺 fěncì 펀츠 명 여드름, 뾰루지
  = 青春痘 qīngchūndòu 칭춘떠우

- □ 雀斑 quèbān 취에빤 명 주근깨

- □ 毛孔 máokǒng 마오쿵 명 모공

- □ 胡 hú 후 명 수염
  = 胡子 húzi 후쯔
  = 须 xū 쉬

- □ 上胡 shànghú 상후 명 콧수염

- □ 下胡 xiàhú 시아후 명 턱수염

- □ 刮胡子 guā húzi 꾸아 후쯔 동 면도하다

- □ 头发 tóufa 터우파 명 머리카락

- 发型 fàxíng 파싱 명 헤어스타일

- 梳头发 shū tóufa 수 터우파 동 머리를 빗다

- 剪头发 jiǎn tóufa 지엔 터우파
  동 머리카락을 깎다

- 卷发 juǎnfà 쥐엔파
  형 머리칼이 곱슬곱슬하다

- 直发 zhífà 즈파 명 생머리

- 披肩发 pījiānfà 피지엔파
  명 어깨까지 늘어뜨린 머리

- 长发 chángfà 창파 명 긴 머리

- 长发姑娘 chángfà gūniang 창파 꾸니앙
  라푼젤

- 短发 duǎnfà 두안파 명 짧은 머리

- 头屑 tóuxiè 터우시에 [명] 비듬
  = 头皮屑 tóupíxiè 터우피시에

- 外貌 wàimào 와이마오 [명] 외모, 용모
  = 外表 wàibiǎo 와이뱌오

- 漂亮 piàoliang 퍄오리앙 [형] 예쁘다, 아름답다
  = 美丽 měilì 메이리

- 好看 hǎokàn 하오칸 [형] 근사하다, 보기 좋다

- 帅 shuài 솨이 [형] 잘생기다

- 帅哥 shuàigē 솨이꺼 잘생긴 청년

- 英俊 yīngjùn 잉쥔 [형] 잘생기다, 말쑥하다

- 标致 biāozhì 뺘오즈 [형] 참하다, 아름답다

- 优雅 yōuyǎ 여우야 [형] 우아하다, 고상하다

- 艳丽 yànlì 이엔리 [형] 아름답고 곱다

- 艳丽夺目 yànlì duómù 이엔리 두어무
눈부시게 아름답다

- 可爱 kě'ài 커아이 [형] 귀엽다, 사랑스럽다

- 魅力 mèilì 메이리 [명] 매력

- 有魅力 yǒu mèilì 여우 메이리 매력이 있다

- 性感 xìnggǎn 싱간 [형] 섹시하다, 야하다

- 难看 nánkàn 난칸 [형] 못생기다, 보기 싫다

- 丑 chǒu 처우 [형] 추하다, 못생기다

- 丑陋 chǒulòu 처우러우
[형] (모양이나 용모가) 추하다, 꼴불견이다

03

第四单元 감정 & 성격
感情和性格 간칭 허 싱거

MP3. U04

☐ 感情 gǎnqíng 간칭 명 감정

☐ 高兴 gāoxìng 까오싱 형 기쁘다, 즐겁다
　= 开心 kāixīn 카이신
　= 喜悦 xǐyuè 시위에

☐ 愉快 yúkuài 위콰이 형 기쁘다, 유쾌하다

☐ 欢乐 huānlè 후안러 형 즐겁다, 유쾌하다

☐ 尽情欢乐 jìnqíng huānlè 진칭 후안러
　마음껏 즐기다

☐ 欢乐无穷 huānlè wúqióng 후안러 우치웅
　기쁘기 한이 없다

☐ 快乐 kuàilè 콰이러 형 즐겁다, 유쾌하다

☐ 幸福 xìngfú 싱푸 명 행복 형 행복하다

- 满足 mǎnzú 만쭈 [동] 만족하다

- 满意 mǎnyì 만이 [형] 만족하다

- 足够 zúgòu 쭈꺼우 [형] 만족하다, 충분하다

- 充分 chōngfèn 충펀 [형] 충분하다

- 够 gòu 꺼우 [형] (필요한 기준을) 만족시키다

- 兴奋 xīngfèn 싱펀 [명] 흥분 [형] 흥분하다

- 有意思 yǒu yìsi 여우 이쓰 [형] 재미있다

- 没意思 méi yìsi 메이 이쓰 [형] 재미없다

- 兴趣 xìngqù 싱취 [명] 흥미, 취미, 관심

- 感兴趣 gǎn xìngqù 간 싱취
  관심이 있다, 흥미가 있다

- 笑 xiào 샤오 [동] 웃다

- 微笑 wēixiào 웨이샤오 몡 미소
  동 미소를 짓다

- 嘲笑 cháoxiào 차오샤오 동 비웃다, 조롱하다

- 讨人喜欢 tǎorén xǐhuan 타오런 시후안
  곱살스럽게 굴다, 환심을 사다

- 相信 xiāngxìn 시앙신 동 믿다, 신뢰하다

- 可靠 kěkào 커카오 형 확실하다, 믿을 만하다

- 信赖 xìnlài 신라이 동 신뢰하다
  = 信任 xìnrèn 신런

- 信任感 xìnrèngǎn 신런간 명 신뢰감

- 从容 cóngróng 충룽 형 침착하다,
  허둥대지 않다

- 沉着 chénzhuó 천주어 형 침착하다

- 镇定 zhèndìng 전띵 형 침착하다, 차분하다

- 平静 píngjìng 핑징 [형] 조용하다, 차분하다, 평온하다

- 放心 fàngxīn 팡신 [형] 안심하다, 안도하다

- 哭 kū 쿠 [동] (소리내어) 울다

- 难过 nánguò 난꾸어 [형] 슬프다, 괴롭다

- 伤心 shāngxīn 상신 [형] 슬프다

- 悲伤 bēishāng 뻬이상 [형] 마음이 아프다, 몹시 슬퍼하다

- 悲痛 bēitòng 뻬이퉁 [형] 비통해하다

- 悲哀 bēi'āi 뻬이아이 [명] 슬픔, 비애
  [형] 슬프고 애통하다

- 痛苦 tòngkǔ 퉁쿠 [명] 고통, 아픔
  [형] 고통스럽다, 괴롭다

- 疼痛 téngtòng 텅퉁 [형] 아프다

- □ 悲惨 bēicǎn 뻬이찬 [형] 비참하다

- □ 讨厌 tǎoyàn 타오이엔 [형] 밉살스럽다, 혐오스럽다

- □ 失望 shīwàng 스왕 [형] 실망하다, 낙담하다

- □ 紧张 jǐnzhāng 진장 [형] 긴장해 있다, 불안하다

- □ 焦虑 jiāolǜ 쟈오뤼 [형] 초조하다, 불안해 하다

- □ 担心 dānxīn 딴신 [동] 염려하다, 걱정하다

- □ 丢脸 diūliǎn 띠우리엔 [동] 체면을 잃다, 창피하다

- □ 害羞 hàixiū 하이시우 [동] 부끄러워하다, 수줍어하다

- □ 生气 shēngqì 성치 [형] 화가 나다

- □ 恼火 nǎohuǒ 나오후어 [동] 화내다, 노하다
  = 发脾气 fā píqì 파 피치

- 害怕 hàipà 하이파 [형] 겁내다, 두려워하다

- 可怕 kěpà 커파 [형] 두렵다, 무섭다

- 恐怖 kǒngbù 쿵뿌 [명] 공포, 무서움

- 敏感 mǐngǎn 민간 [형] 민감하다, 예민하다

- 麻烦 máfan 마판 [명] 귀찮음, 성가심
  [형] 귀찮다, 성가시다 [동] 귀찮게 하다

- 烦 fán 판 [형] 귀찮다, 성가시다 [동] 귀찮게 하다

- 心烦 xīnfán 신판 [형] 귀찮다, 착잡하다

- 性格 xìnggé 싱거 [명] 성격

- 外向 wàixiàng 와이시앙 [형] (성격이) 외향적이다

- 内向 nèixiàng 네이시앙 [형] (성격이) 내성적이다

- 积极 jījí 지지 [형] 적극적이다; 긍정적이다

- □ 消极 xiāojí 샤오지 [형] 소극적이다; 부정적이다

- □ 善良 shànliáng 산리앙 [형] 착하다

- □ 审慎 shěnshèn 선선 [형] 면밀하고 신중하다

- □ 谨慎 jǐnshèn 진선 [형] 신중하다
  = 慎重 shènzhòng 선중

- □ 诚实 chéngshí 청스 [형] 성실하다
  = 老实 lǎoshi 라오스

- □ 谦卑 qiānbēi 치엔뻬이 [형] 겸손하다
  = 虚心 xūxīn 쉬신

- □ 坦率 tǎnshuài 탄솨이 [형] 솔직하다

- □ 天真 tiānzhēn 티엔전 [형] 순진하다

- □ 纯真 chúnzhēn 춘전 [형] 순수하다

- □ 温柔 wēnróu 원러우 형 온유하다, 상냥하다

- □ 体贴 tǐtiē 티티에 동 자상하게 돌보다

- □ 细心 xìxīn 시신 형 세심하다
  = 周到 zhōudào 저우따오

- □ 活泼 huópo 후어포 형 활발하다, 생동감이 있다

- □ 活跃 huóyuè 후어위에
  형 활동적이다, 활기차다 동 활기를 띠게 하다

- □ 有活力 yǒu huólì 여우 후어리 활기차다

- □ 开朗 kāilǎng 카이랑 형 명랑하다, 쾌활하다
  = 明朗 mínglǎng 밍랑

- □ 友好 yǒuhǎo 여우하오 형 우호적이다

- □ 主动 zhǔdòng 주둥 형 주동적이다, 능동적이다

- 被动 bèidòng 뻬이똥 [형] 피동적이다, 수동적이다

- 大胆 dàdǎn 따단 [형] 대담하다

- 胆小 dǎnxiǎo 단샤오 [형] 소심하다, 배짱이 없다

- 胆小怕事 dǎnxiǎopàshì 단샤오파스 [성] 겁이 많아서 일에 부닥치면 책임지는 것을 두려워하다

- 沉默 chénmò 천모 [형] 과묵하다 [동] 침묵하다

- 乐观 lèguān 러꾸안 [형] 낙관적이다

- 悲观 bēiguān 뻬이꾸안 [형] 비관하다, 비관적이다

- 愁闷 chóumèn 처우먼 [명] 우울함, 번민 [형] 우울하다

- ☐ **沮丧** jǔsàng 쥐쌍 [형] 낙담하다
 [동] 낙담하게 하다

- ☐ **坏** huài 화이 [형] 나쁘다, 불량하다

- ☐ **骄傲** jiāo'ào 쟈오아오 [명] 자랑, 긍지
 [형] 거만하다; 자랑스럽다

- ☐ **傲慢** àomàn 아오만 [형] 교만하다, 건방지다

- ☐ **粗心** cūxīn 추신 [형] 세심하지 못하다, 부주의하다

- ☐ **粗鲁** cūlǔ 추루 [형] 거칠고 우악스럽다, 교양이 없다

- ☐ **粗糙** cūcāo 추차오 [형] (일하는 데) 어설프다, 서투르다

- ☐ **自私** zìsī 쯔쓰 [형] 이기적이다

- ☐ **懒惰** lǎnduò 란뚜어 [형] 게으르다, 나태하다

- ☐ 否定 fǒudìng 포우띵 [형] 부정적이다
  [동] 부정하다

- ☐ 贪婪 tānlán 탄란 [형] 탐욕스럽다

- ☐ 贪心 tānxīn 탄신 [명] 탐욕 [형] 탐욕스럽다

- ☐ 生硬 shēngyìng 성잉 [형] (태도가) 무뚝뚝하다

04

第五单元 사랑
爱情 아이칭

MP3. U05

☐ 见面 jiànmiàn 지엔미엔 동 만나다

☐ 相亲 xiāngqīn 시앙친 동 맞선을 보다

☐ 约会 yuēhuì 위에후이 명 약속, 데이트
   동 만날 약속을 하다

☐ 约 yuē 위에 명 약속 동 약속하다

☐ 交朋友 jiāo péngyou 쟈오 펑여우
   친구를 사귀다

☐ 关系 guānxi 꾸안시 명 관계

☐ 爱 ài 아이 동 사랑하다

☐ 爱情 àiqíng 아이칭 명 사랑, 애정

☐ 情人 qíngrén 칭런 명 애인, 연인
   ≒ 恋人 liànrén 리엔런

- 情侣 qínglǚ 칭뤼 명 연인, 커플

- 亲爱的 qīn'àide 친아이더 달링, 자기야

- 男朋友 nánpéngyou 난펑여우
  명 (사귀는) 남자 친구
  = 男友 nányǒu 난여우

- 男的朋友 nánde péngyou 난더 펑여우
  명 남자 친구

- 女朋友 nǚpéngyou 뉘펑여우
  명 (사귀는) 여자 친구
  = 女友 nǚyǒu 뉘여우

- 女的朋友 nǚde péngyou 뉘더 펑여우
  명 여자 친구

- 理想型 lǐxiǎngxíng 리시앙싱 명 이상형

- 梦中情人 mèngzhōngqíngrén 멍중칭런
  명 이상형, 꿈 속의 연인

- 魅力 mèilì 메이리 [명] 매력
  = 吸引力 xīyǐnlì 시인리

- 迷 mí 미 [동] 매혹되다

- 迷人 mírén 미런 [동] 매력적이다, 마음을 끌다

- 诱惑 yòuhuò 여우후어 [동] 꾀다, 유혹하다

- 勾引 gōuyǐn 꺼우인 [동] (나쁜 길로) 꾀다, 유혹하다

- 泡妞儿 pāoniūr 파오니울 여자를 꼬시다

- 喜欢 xǐhuan 시후안 [동] 좋아하다, 호감을 가지다

- 疼 téng 텅 [동] 몹시 귀여워하다, 끔찍이 아끼다

- 疼爱 téng'ài 텅아이 [동] 매우 귀여워하다, 사랑하다

- 心疼 xīnténg 신텅 [동] 몹시 아끼다, 사랑하다

- 亲吻 qīnwěn 친원 통 키스하다, 입맞추다
  = 接吻 jiēwěn 지에원
  = 吻 wěn 원

- 法式接吻 fǎshì jiēwěn 파스 지에원
  프렌치 키스

- 抱 bào 빠오 통 안다, 포옹하다
  = 拥抱 yōngbào 융빠오

- 身体接触 shēntǐ jiēchù 선티 지에추 스킨십

- 使眼色 shǐ yǎnsè 스 이엔써 통 눈짓하다, 윙크하다
  = 眨眼示意 zhǎyǎnshìyì 자이엔스이

- 暗送秋波 ànsòngqiūbō 안쏭치우뽀
  성 (유혹하기 위해) 추파를 던지다

- 坠入爱河 zhuìrù àihé 쭈이루 아이허
  사랑에 빠지다

- ☐ 谈恋爱 tán liàn'ài 탄 리엔아이 [동] 연애하다

- ☐ 热恋 rèliàn 러리엔 [동] 열렬히 연애하다

- ☐ 看上 kànshàng 칸샹 [동] 마음에 들다, 반하다

- ☐ 一见钟情 yíjiànzhōngqíng 이지엔중칭
  [성] 첫눈에 반하다

- ☐ 想念 xiǎngniàn 시앙니엔 [동] 그리워하다
  = 想 xiǎng 시앙
  = 怀念 huáiniàn 화이니엔
  = 思念 sīniàn 쓰니엔

- ☐ 单相思 dānxiāngsī 딴시앙쓰 [명] 상사병
  = 相思病 xiāngsībìng 시앙쓰삥

- ☐ 嫉妒 jídù 지뚜 [동] 질투하다, 시기하다

- ☐ 说谎 shuōhuǎng 수어후앙
  [동] (의도적으로) 거짓말하다

- 撒谎 sāhuǎng 싸후앙 [동] 거짓말을 하다, 허튼 소리를 하다

- 欺骗 qīpiàn 치피엔 [동] 속이다, 사기치다

- 作弊 zuòbì 쭈어삐 [동] 속임수를 쓰다, 부정행위(커닝)를 하다

- 吃野食 chī yěshí 츠 이에스
  [신] 남녀가 몰래 정을 통하다

- 背叛 bèipàn 뻬이판 [동] 배신하다

- 甩 shuǎi 솨이 [동] (애인을) 차다

- 离别 líbié 리비에 [동] 이별하다, 헤어지다

- 忘记 wàngjì 왕지 [동] 잊어버리다
  = 忘掉 wàngdiào 왕땨오

- 前男友 qiánnányǒu 치엔난여우 전 남자 친구

- □ 前女友 qiánnǚyǒu 치엔뉘여우 전 여자 친구

- □ 单身 dānshēn 딴선 명 독신, 싱글
  = 独身 dúshēn 두선

- □ 单身汉 dānshēnhàn 딴선한 명 독신남

- □ 订婚 dìnghūn 띵훈 동 약혼하다

- □ 未婚夫 wèihūnfū 웨이훈푸 명 약혼자(남자)

- □ 未婚妻 wèihūnqī 웨이훈치 명 약혼녀

- □ 订婚戒指 dìnghūn jièzhǐ 띵훈 지에즈
  명 약혼반지

- □ 退婚 tuìhūn 투이훈 동 파혼하다, 혼사를 물리다
  = 退亲 tuìqīn 투이친

- □ 求婚 qiúhūn 치우훈 동 청혼하다

- □ 结婚 jiéhūn 지에훈 동 결혼하다

- □ 婚姻 hūnyīn 훈인 몡 결혼

- □ 婚礼 hūnlǐ 훈리 몡 결혼식; 결혼 축하 예물

- □ 新郎 xīnláng 신랑 몡 신랑

- □ 新娘 xīnniáng 신니앙 몡 신부

- □ 伴郎 bànláng 빤랑 몡 신랑 들러리

- □ 伴娘 bànniáng 빤니앙 몡 신부 들러리

- □ 喜帖 xǐtiě 시티에 몡 청첩장

- □ 结婚戒指 jiéhūn jièzhǐ 지에훈 지에즈
  몡 결혼반지
  = 婚戒 hūnjiè 훈지에

- □ 结婚礼服 jiéhūn lǐfú 지에훈 리푸
  몡 웨딩드레스
  = 婚礼礼服 hūnlǐ lǐfú 훈리 리푸

- □ 面纱 miànshā 미엔사 몡 베일, 면사포

- 新娘捧花 xīnniáng pěnghuā 신니앙 펑후아
  명 부케
  = 新娘花束 xīnniáng huāshù 신니앙 후아수

- 婚宴 hūnyàn 훈이엔 명 결혼 피로연

- 庆贺 qìnghè 칭허 동 축하하다
  = 祝贺 zhùhè 주허

- 周年 zhōunián 저우니엔 명 주년

- 纪念日 jìniànrì 지니엔르 명 기념일

- 蜜月旅行 mìyuè lǚxíng 미위에 뤼싱
  명 신혼여행
  = 蜜月度假 mìyuè dùjià 미위에 뚜지아

- 度蜜月 dù mìyuè 뚜 미위에 신혼여행을 가다

- 夫妇 fūfù 푸푸 명 부부
  = 夫妻 fūqī 푸치

- 丈夫 zhàngfu 장푸 명 남편
  - = 先生 xiānsheng 시엔성
  - = 老公 lǎogōng 라오꽁

- 妻子 qīzi 치쯔 명 아내
  - = 夫人 fūrén 푸런 명 부인(아내에 대한 존칭)
  - = 老婆 lǎopó 라오포 명 아내, 처(구어)

- 太太 tàitai 타이타이 명 아내, 처, 부인

- 伴侣 bànlǚ 빤뤼 명 배우자, 반려자
  - = 配偶 pèi'ǒu 페이어우

- 公公 gōnggong 꿍궁 명 시아버지
  - = 爹爹 diēdie 띠에디에

- 岳父 yuèfù 위에푸 명 장인

- 婆婆 pópo 포포 명 시어머니; 외할머니(방언)

- 岳母 yuèmǔ 위에무 명 장모
  - = 丈母娘 zhàngmǔniáng 장무니앙

第六单元 가족
家人 지아런

MP3. U06

□ 家人 jiārén 지아런 명 가족

□ 亲戚 qīnqi 친치 명 친척

□ 父母 fùmǔ 푸무 명 부모

□ 父亲 fùqīn 푸친 명 아버지

□ 爸爸 bàba 빠바 명 아빠, 아버지

□ 母亲 mǔqīn 무친 명 어머니

□ 妈妈 māma 마마 명 엄마, 어머니

□ 祖父母 zǔfùmǔ 쭈푸무 명 조부모

□ 爷爷 yéye 이에이에 명 할아버지
 = 祖父 zǔfù 쭈푸

□ 奶奶 nǎinai 나이나이 몡 할머니
  = 祖母 zǔmǔ 쭈무

□ 姥爷 lǎoyé 라오이에 몡 외할아버지

□ 姥姥 lǎolao 라오라오 몡 외할머니

□ 兄弟姐妹 xiōngdì jiěmèi 시웅띠 지에메이
  몡 형제자매

□ 兄弟 xiōngdì 시웅띠 몡 형제

□ 哥哥 gēge 꺼거 몡 형, 오빠

□ 大哥 dàgē 따꺼 몡 큰 형, 맏형, 큰 오빠

□ 二哥 èrgē 얼꺼 몡 둘째 형, 둘째 오빠

□ 弟弟 dìdi 띠디 몡 남동생

□ 姐妹 jiěmèi 지에메이 몡 자매

□ 姐姐 jiějie 지에지에 몡 누나, 언니

- 妹妹 mèimei 메이메이 명 여동생

- 孩子 háizi 하이쯔 명 아이, 자식

- 儿子 érzi 얼쯔 명 아들

- 独生子 dúshēngzǐ 두성쯔 명 외동아들

- 小皇帝 xiǎohuángdì 샤오후앙띠 명 소황제

- 女儿 nǚ'ér 뉘얼 명 딸

- 独生女 dúshēngnǚ 두성뉘 명 외동딸

- 小公主 xiǎogōngzhǔ 샤오꽁주 명 소공주

- 双胞胎 shuāngbāotāi 수앙빠오타이 명 쌍둥이

- 丈夫 zhàngfu 장푸 명 남편

- 妻子 qīzi 치쯔 명 아내

- 女婿 nǚxù 뉘쉬 명 사위

- 媳妇 xífù 시푸 명 며느리

- 堂兄弟 tángxiōngdì 탕시웅띠 명 사촌 형제

- 堂兄 tángxiōng 탕시웅 명 사촌 형, 사촌 오빠

- 堂弟 tángdì 탕띠 명 사촌 남동생

- 堂姐妹 tángjiěmèi 탕지에메이 명 사촌 자매

- 堂姐 tángjiě 탕지에 명 사촌 누나, 사촌 언니

- 堂妹 tángmèi 탕메이 명 사촌 여동생

- 表兄弟 biǎoxiōngdì 뱌오시웅띠
  명 외사촌 형제

- 表哥 biǎogē 뱌오꺼 명 외사촌 형, 외사촌 오빠

- 表弟 biǎodì 뱌오띠 명 외사촌 남동생

- 表姐妹 biǎojiěmèi 뱌오지에메이
  몡 외사촌 자매

- 表姐 biǎojiě 뱌오지에 몡 외사촌 누나, 외사촌 언니

- 表妹 biǎomèi 뱌오메이 몡 외사촌 여동생

- 孙子 sūnzi 쑨쯔 몡 손주

- 孙女 sūnnǚ 쑨늬 몡 손녀

- 侄子 zhízi 즈쯔 몡 조카

- 侄男 zhínán 즈난 몡 조카(남자 형제의 아들)

- 侄女 zhínǚ 즈뉘 몡 조카(남자 형제의 딸)

- 外甥 wàishēng 와이성 몡 조카(여자 형제의 아들)

- 外甥女 wàishēngnǚ 와이성뉘
  몡 조카(여자 형제의 딸)

- 叔叔 shūshu 수수 몡 삼촌; 아저씨
  = 叔父 shūfù 수푸

- 伯伯 bóbo 보보 몡 큰아버지
  = 伯父 bófù 보푸

- 姑姑 gūgu 꾸구 몡 고모

- 舅舅 jiùjiu 지우지우 몡 외삼촌
  = 舅父 jiùfù 지우푸

- 姨妈 yímā 이마 몡 이모
  = 姨母 yímǔ 이무

- 阿姨 āyí 아이 몡 이모; 아주머니

- 舅子 jiùzi 지우쯔 몡 처남

- 大姨子 dàyízi 따이쯔 몡 처형

- 小姨子 xiǎoyízi 샤오이쯔 몡 처제

- 小叔子 xiǎoshūzi 샤오수쯔 명 시동생(구어)

- 姑子 gūzi 꾸쯔 명 시누이

- 姐夫 jiěfu 지에푸 명 매형, 형부

- 妹夫 mèifu 메이푸 명 매부

- 嫂子 sǎozi 싸오쯔 명 올케, 형수

- 妯娌 zhóulǐ 저우리 명 (여자) 동서

- 连襟 liánjīn 리엔진 명 (남자) 동서

- 大人 dàrén 따런 명 어른, 성인

- 青年 qīngnián 칭니엔 명 청년, 젊은이

- 小孩儿 xiǎoháir 샤오하얼 명 어린이

- 婴儿 yīng'ér 잉얼 명 아기

- 老 lǎo 라오 형 늙다

☐ 年轻 niánqīng 니엔칭 [형] 젊다

☐ 小 xiǎo 샤오 [형] 어리다

☐ 怀孕 huáiyùn 화이윈 [동] 임신하다
 = 有喜 yǒuxǐ 여우시

☐ 孕妇 yùnfù 윈푸 [명] 임신부, 임부(임신한 여자)

☐ 产妇 chǎnfù 찬푸 [명] 산모, 산부(갓 출산한 여자)

☐ 孕吐 yùntù 윈투 [명] 입덧

☐ 生孩子 shēng háizi 성 하이쯔 출산하다

☐ 预产期 yùchǎnqī 위찬치 출산예정일

☐ 喂奶 wèinǎi 웨이나이 [동] 수유하다

☐ 母乳 mǔrǔ 무루 [명] 모유

☐ 奶粉 nǎifěn 나이펀 [명] 분유

- 奶瓶 nǎipíng 나이핑 명 젖병

- 戒子 jièzi 지에쯔 명 1회용 기저귀
  = 尿不湿 niàobushī 냐오부스

- 养育 yǎngyù 양위 동 기르다, 양육하다

- 照顾 zhàogù 자오꾸 동 돌보다, 보살피다

- 保姆 bǎomǔ 바오무 명 보모

- 奶妈 nǎimā 나이마 명 유모

- 小推车 xiǎotuīchē 샤오투이처 명 유모차
  = 婴儿车 yīng'érchē 잉얼처
  = 婴儿推车 yīng'értuīchē 잉얼투이처
  = 童车 tóngchē 퉁처

- 婴儿床 yīng'érchuáng 잉얼추앙
  명 아기 침대
  = 摇篮 yáolán 야오란

- [ ] 收养 shōuyǎng 서우양 동 입양하다

- [ ] 领养儿 lǐngyǎng'ér 링양얼 명 입양아

- [ ] 和睦 hémù 허무 형 화목하다
  = 和谐 héxié 허시에

- [ ] 不和 bùhé 뿌허 명 불화

- [ ] 分居 fēnjū 펀쥐 동 별거하다, 분가해 살다

- [ ] 离婚 líhūn 리훈 명 이혼

- [ ] 再婚 zàihūn 짜이훈 동 재혼하다
  = 复婚 fùhūn 푸훈

- [ ] 改嫁 gǎijià 가이지아 동 개가하다
  = 再嫁 zàijià 짜이지아

第七单元 시간 & 날짜
时间和日子 스지엔 허 르쯔

MP3. U07

☐ 时间 shíjiān 스지엔 [명] 시간, 때

☐ 小时 xiǎoshí 샤오스 [명] 시간(시간 단위)

☐ 点 diǎn 디엔 [양] 시(시간); 점

☐ 分 fēn 펀 [양] 분(시간)

☐ 分钟 fēnzhōng 펀중 [명] 분

☐ 秒 miǎo 먀오 [양] 초(시간)

☐ 半 bàn 빤 [수] 30분; 반(半), $\frac{1}{2}$

☐ 刻 kè 커 [양] 15분

☐ 钟表 zhōngbiǎo 중뱌오 [명] 시계

☐ 闹钟 nàozhōng 나오중 [명] 알람시계, 자명종

- 时钟 shízhōng 스중 명 괘종시계

- 手表 shǒubiǎo 서우뱌오 명 손목시계

- 凌晨 língchén 링천 명 새벽(자정부터 동트기 전)

- 早 zǎo 짜오 명 아침 형 (시간이) 이르다

- 早上 zǎoshang 짜오상 명 아침

- 上午 shàngwǔ 상우 명 오전

- 中午 zhōngwǔ 중우 명 정오

- 白天 báitiān 바이티엔 명 대낮

- 下午 xiàwǔ 시아우 명 오후

- 晚 wǎn 완 명 저녁, 밤 형 (시간이) 늦다

- 晚上 wǎnshang 완상 명 저녁, 밤

- 傍晚 bàngwǎn 빵완 명 저녁 무렵

- 半夜 bànyè 빤이에 명 심야, 한밤중

- 零时 língshí 링스 명 밤 12시, 0시

- 醒 xǐng 싱 동 (잠자리에서) 일어나다

- 叫醒电话 jiàoxǐng diànhuà 쟈오싱 띠엔후아 모닝콜

- 起床 qǐchuáng 치추앙 동 일어나다

- 睡过头 shuìguòtóu 수이꾸어터우 동 늦게 일어나다, 늦잠을 자다

- 洗 xǐ 시 동 씻다

- 洗脸 xǐliǎn 시리엔 동 세수하다

- 洗头发 xǐ tóufa 시 터우파 머리를 감다

- 洗澡 xǐzǎo 시짜오 동 목욕하다

- 刷牙 shuāyá 수아야 동 이를 닦다

- [ ] 吃饭 chīfàn 츠판 [동] 식사하다

- [ ] 早餐 zǎocān 짜오찬 [명] 아침 식사
  = 早饭 zǎofàn 짜오판

- [ ] 午餐 wǔcān 우찬 [명] 점심 식사
  = 午饭 wǔfàn 우판

- [ ] 零食 língshí 링스 [명] 군것질, 주전부리

- [ ] 点心 diǎnxin 디엔신 [명] 간식

- [ ] 晚餐 wǎncān 완찬 [명] 저녁 식사
  = 晚饭 wǎnfàn 완판

- [ ] 睡 shuì 수이 [동] (잠을) 자다
  = 睡觉 shuìjiào 수이쟈오

- [ ] 午睡 wǔshuì 우수이 [명] 낮잠 [동] 낮잠을 자다

- [ ] 小睡 xiǎoshuì 샤오수이 [동] 잠깐 자다, 선잠 자다

- 打瞌睡 dǎkēshuì 다커수이 [동] 졸다
  = 打盹儿 dǎdǔnr 다두울

- 打呼噜 dǎhūlu 다후루 [동] 코를 골다
  = 打鼾 dǎhān 다한

- 失眠 shīmián 스미엔 [동] 잠을 이루지 못하다

- 失眠症 shīmiánzhèng 스미엔정 [명] 불면증

- 做梦 zuòmèng 쭈어멍 [동] 꿈을 꾸다

- 梦 mèng 멍 [명] 꿈 [동] 꿈을 꾸다

- 噩梦 èmèng 어멍 [명] 악몽
  = 恶梦 èmèng 어멍

- 白日做梦 báirì zuòmèng 바이르 쭈어멍
  [성] 백일몽을 꾸다(실현 불가능한 헛된 공상을 하다)

- 日子 rìzi 르쯔 [명] 일(日), 날

- 天 tiān 티엔 명 하루, 날

- 号 hào 하오 명 일(날짜를 가리킴)

- 日期 rìqī 르치 명 (특정한) 날짜, 기간

- 星期 xīngqī 싱치 명 주(週); 요일
  = 礼拜 lǐbài 리빠이
  = 周 zhōu 저우

- 月 yuè 위에 명 월(月), 달

- 年 nián 니엔 명 년(年) 양 년, 해

- 日历 rìlì 르리 명 달력

- 农历 nónglì 눙리 명 음력

- 假日 jiàrì 지아르 명 공휴일, 축제일, 명절

- 春节 Chūnjié 춘지에 명 설날

- 中秋节 Zhōngqiūjié 중치우지에 명 추석

- 端午节 Duānwǔjié 뚜안우지에 몡 단오

- 圣诞节 Shèngdànjié 성딴지에 몡 성탄절

- 复活节 Fùhuójié 푸후어지에 몡 부활절

- 感恩节 Gǎn'ēnjié 간언지에 몡 추수감사절

- 万圣节 Wànshèngjié 완성지에
  몡 핼러윈데이

- 情人节 Qíngrénjié 칭런지에
  몡 밸런타인데이

- 劳动节 Láodòngjié 라오뚱지에 몡 노동절

- 国庆节 Guóqìngjié 구어칭지에 몡 국경절

- 妇女节 Fùnǚjié 푸뉘지에 몡 부녀자의 날

- 生日 shēngrì 성르 몡 생일

□ 周年纪念日 zhōunián jìniànrì
　저우니엔 지니엔르 명 기념일

□ 今天 jīntiān 진티엔 명 오늘

□ 昨天 zuótiān 쭈어티엔 명 어제

□ 前天 qiántiān 치엔티엔 명 그저께

□ 明天 míngtiān 밍티엔 명 내일

□ 后天 hòutiān 허우티엔 명 모레

□ 周末 zhōumò 저우모 명 주말

□ 星期一 Xīngqīyī 싱치이 월요일
　= 礼拜一 Lǐbàiyī 리빠이이
　= 周一 Zhōuyī 저우이

□ 星期二 Xīngqī'èr 싱치얼 화요일
　= 礼拜二 Lǐbài'èr 리빠이얼
　= 周二 Zhōu'èr 저우얼

- □ 星期三 Xīngqīsān 싱치싼 수요일
  - = 礼拜三 Lǐbàisān 리빠이싼
  - = 周三 Zhōusān 저우싼

- □ 星期四 Xīngqīsì 싱치쓰 목요일
  - = 礼拜四 Lǐbàisì 리빠이쓰
  - = 周四 Zhōusì 저우쓰

- □ 星期五 Xīngqīwǔ 싱치우 금요일
  - = 礼拜五 Lǐbàiwǔ 리빠이우
  - = 周五 Zhōuwǔ 저우우

- □ 星期六 Xīngqīliù 싱치리우 토요일
  - = 礼拜六 Lǐbàiliù 리빠이리우
  - = 周六 Zhōuliù 저우리우

- □ 星期天 Xīngqītiān 싱치티엔 일요일
  - = 礼拜天 Lǐbàitiān 리빠이티엔
  - = 周日 Zhōurì 저우르

- 一月 Yīyuè 이위에 명 1월

- 二月 Èryuè 얼위에 명 2월

- 三月 Sānyuè 싼위에 명 3월

- 四月 Sìyuè 쓰위에 명 4월

- 五月 Wǔyuè 우위에 명 5월

- 六月 Liùyuè 리우위에 명 6월

- 七月 Qīyuè 치위에 명 7월

- 八月 Bāyuè 빠위에 명 8월

- 九月 Jiǔyuè 지우위에 명 9월

- 十月 Shíyuè 스위에 명 10월

- 十一月 Shíyīyuè 스이위에 명 11월

- 十二月 Shí'èryuè 스얼위에 명 12월

- 年度 niándù 니엔뚜 명 연도

- 今年 jīnnián 진니엔 명 올해

- 去年 qùnián 취니엔 명 작년

- 前年 qiánnián 치엔니엔 명 재작년

- 明年 míngnián 밍니엔 명 내년

- 后年 hòunián 허우니엔 명 후년

- 世纪 shìjì 스지 명 세기(世紀), 100년

- 时代 shídài 스따이 명 (역사상의) 시대, 시기

- 时期 shíqī 스치 명 (특정한) 시기

- 时光 shíguāng 스꾸앙 명 시절, 세월

- 过去 guòqù 꾸어취 명 과거

- 现在 xiànzài 시엔짜이 명 지금, 현재

- 未来 wèilái 웨이라이 명 미래

- 将来 jiānglái 지앙라이 명 장래, 미래

- 最近 zuìjìn 쭈이진 명 최근

- 近来 jìnlái 진라이 명 근래, 요즘

- 如今 rújīn 루진 명 (비교적 먼 과거에 대하여) 지금, 이제

- 这些天 zhèxiētiān 저시에티엔 요 며칠

- 以后 yǐhòu 이허우 명 이후, 나중

第八单元 날씨 & 계절
天气和季节 티엔치 허 지지에

MP3. U08

- 天气 tiānqì 티엔치 명 날씨

- 气候 qìhòu 치허우 명 기후

- 好天气 hǎo tiānqì 하오 티엔치 좋은 날씨

- 天气预报 tiānqì yùbào 티엔치 위빠오
  명 일기예보

- 晴 qíng 칭 형 (하늘이) 맑다

- 晴天 qíngtiān 칭티엔 명 맑은 날씨

- 晴朗 qínglǎng 칭랑 형 쾌청하다

- 阴 yīn 인 형 흐리다

- 阴天 yīntiān 인티엔 명 흐린 날씨

- 阴沉沉 yīnchénchén 인천천 [형] 어둡다, 흐리다

- 暖和 nuǎnhuo 누안후어 [형] 따뜻하다

- 热 rè 러 [형] 덥다, 뜨겁다

- 炎热 yánrè 이엔러 [형] (날씨가) 무덥다

- 闷热 mēnrè 먼러 [형] 무덥다, 후덥지근하다

- 酷热 kùrè 쿠러 [형] 몹시 무덥다

- 凉快 liángkuai 리앙콰이 [형] 시원하다, 서늘하다
  = 凉爽 liángshuǎng 리앙수앙

- 冷 lěng 렁 [형] 춥다, 차다

- 寒冷 hánlěng 한렁 [형] 춥고 차다

- 太阳 tàiyáng 타이양 [명] 태양, 해

- 阳光 yángguāng 양꾸앙 [명] 햇빛

- 云 yún 윈 명 구름

- 多云 duōyún 뚜어윈 명 구름이 많음

- 风 fēng 펑 명 바람

- 刮风 guāfēng 꾸아펑 동 바람이 불다

- 微风 wēifēng 웨이펑 명 산들바람

- 微风习习 wēifēng xíxí 웨이펑 시시
  바람이 슬슬 분다

- 雾 wù 우 명 안개

- 雨 yǔ 위 명 비

- 下雨 xiàyǔ 시아위 동 비가 오다, 비가 내리다

- 雨天 yǔtiān 위티엔 명 비가 오는 날씨

- 阵雨 zhènyǔ 전위 명 소나기

- 小雨 xiǎoyǔ 샤오위 몡 가랑비

- 毛毛雨 máomáoyǔ 마오마오위 몡 보슬비

- 大雨 dàyǔ 따위 몡 큰비, 호우

- 暴雨 bàoyǔ 빠오위 몡 폭우

- 雨季 yǔjì 위지 몡 우기

- 降雨量 jiàngyǔliàng 지앙위리앙 몡 강우량

- 梅雨 méiyǔ 메이위 몡 장마

- 洪水 hóngshuǐ 홍수이 몡 홍수

- 雨伞 yǔsǎn 위싼 몡 우산

- 收雨伞 shōu yǔsǎn 서우 위싼 우산을 접다

- 撑雨伞 chēng yǔsǎn 청 위싼 우산을 쓰다

- 冰雹 bīngbáo 삥바오 몡 우박

- 台风 táifēng 타이펑 [명] 태풍

- 暴风 bàofēng 빠오펑 [명] 폭풍

- 龙卷风 lóngjuǎnfēng 룽쥐엔펑
  [명] 토네이도, 회오리바람

- 雷 léi 레이 [명] 천둥

- 打雷 dǎléi 다레이 [동] 천둥치다

- 轰隆隆打雷 hōnglōnglōng dǎléi
  훙룽룽 다레이 천둥이 우르르 치다

- 光打雷，不下雨 guāng dǎléi, bú xiàyǔ
  꾸앙 다레이, 부 시아위 [성] 천둥만 치고 비는 오지 않다(큰소리만 치고 행동에 옮기지 않는다)

- 闪电 shǎndiàn 산띠엔 [명] 번개
  [동] 번개가 번쩍이다

- 急如闪电 jírúshǎndiàn 지루산띠엔
  셩 번개처럼 급하다(아주 급박하다)

- 冰 bīng 삥 몡 얼음

- 结冰 jiébīng 지에삥 통 얼음이 얼다

- 冻结 dòngjié 뚱지에 통 얼다, 얼리다

- 冻伤 dòngshāng 뚱샹 몡 동상
  통 동상에 걸리다

- 霜 shuāng 수앙 몡 서리

- 下霜 xiàshuāng 시아수앙 통 서리가 내리다

- 雪上加霜 xuěshàng jiāshuāng
  쉬에상 지아수앙 셩 설상가상이다(엎친 데 덮친 격이다)

- 空气 kōngqì 쿵치 몡 공기

- 干 gān 깐 형 건조하다

□ 干燥 gānzào 깐짜오 형 건조하다, 건조시키다

□ 干旱 gānhàn 깐한 명 가뭄

□ 旱季 hànjì 한지 명 건기

□ 潮湿 cháoshī 차오스 형 습하다, 축축하다

□ 季节 jìjié 지지에 명 계절

□ 春天 chūntiān 춘티엔 명 봄

□ 彩虹 cǎihóng 차이훙 명 무지개

□ 种 zhòng 중 동 심다

zhǒng 중 명 씨, 씨앗; 종류, 가지

□ 种子 zhǒngzi 중쯔 명 씨, 씨앗

□ 萌芽 méngyá 멍야 명 새싹
동 (식물이) 싹트다, 움트다

- 花蕾 huālěi 후아레이 [명] 꽃봉오리, 꽃망울

- 花朵 huāduǒ 후아두어 [명] 꽃잎

- 沙尘暴 shāchénbào 사천빠오 [명] 황사

- 夏天 xiàtiān 시아티엔 [명] 여름

- 热带夜 rèdàiyè 러따이이에 [명] 열대야

- 中暑 zhòngshǔ 중수 [동] 더위먹다

- 秋天 qiūtiān 치우티엔 [명] 가을

- 落叶 luòyè 루어이에 [명] 낙엽
  [동] 잎이 떨어지다

- 红叶 hóngyè 훙이에 [명] 단풍

- 枫树 fēngshù 펑수 [명] 단풍나무

- 银杏树 yínxìngshù 인싱수 [명] 은행나무

- □ **收获** shōuhuò 서우후어 명 수확, 소득
  동 수확하다, 추수하다

- □ **冬天** dōngtiān 뚱티엔 명 겨울

- □ **雪** xuě 쉬에 명 눈

- □ **下雪** xiàxuě 시아쉬에 동 눈이 오다, 눈이 내리다

- □ **大雪** dàxuě 따쉬에 명 큰눈

- □ **霰** xiàn 시엔 명 싸라기눈

- □ **鹅毛雪** émáoxuě 어마오쉬에 명 함박눈

- □ **大雪纷飞** dàxuě fēnfēi 따쉬에 펀페이
  많은 눈이 흩날린다

- □ **雪花** xuěhuā 쉬에후아 명 눈송이

- □ **雪人** xuěrén 쉬에런 명 눈사람

- 堆雪人 duī xuěrén 뚜이 쉬에런
  눈사람을 만들다

- 雪仗 xuězhàng 쉬에장 명 눈싸움

- 打雪仗 dǎ xuězhàng 다 쉬에장
  동 눈싸움하다

- 温度 wēndù 원뚜 명 온도

- 温度计 wēndùjì 원뚜지 명 온도계

- 气温 qìwēn 치원 명 기온

- 最高气温 zuìgāo qìwēn 쭈이까오 치원
  최고 기온

- 最低气温 zuìdī qìwēn 쭈이띠 치원
  최저 기온

- 量气温 liáng qìwēn 리앙 치원 기온을 재다

- □ 摄氏温度 shèshì wēndù 서스 원뚜
  명 섭씨 온도

- □ 摄氏度 shèshìdù 서스뚜 양 섭씨

- □ 华氏温度 huáshì wēndù 후아스 원뚜
  명 화씨 온도

- □ 华氏度 huáshìdù 후아스뚜 양 화씨

- □ 气候演变 qìhòu yǎnbiàn 치허우 이엔삐엔
  명 기후 변화

- □ 全球变暖 quánqiú biànnuǎn
  취엔치우 삐엔누안 명 지구온난화

- □ 紫外线 zǐwàixiàn 쯔와이시엔 명 자외선
  = 紫外光 zǐwàiguāng 쯔와이꾸앙

- □ 红外线 hóngwàixiàn 홍와이시엔 명 적외선
  = 红外光 hóngwàiguāng 홍와이꾸앙

08

第九单元 동물 & 식물
动物和植物 뚱우 허 즈우

□ 动物 dòngwù 뚱우 囝 동물

□ 宠物 chǒngwù 충우 囝 애완동물, 반려동물

□ 养 yǎng 양 图 사육하다, 기르다
  = 喂养 wèiyǎng 웨이양

□ 毛 máo 마오 囝 (동식물의) 털

□ 尾巴 wěiba 웨이바 囝 꼬리

□ 爪 zhǎo 자오 囝 (짐승의) 발톱

□ 抓 zhuā 주아 图 할퀴다, 긁다

□ 咬 yǎo 야오 图 물다

□ 狗 gǒu 거우 囝 개
  = 犬 quǎn 취엔

☐ 小狗 xiǎogǒu 샤오거우 명 강아지

☐ 吠叫 fèijiào 페이쟈오 동 (개가) 짖다

☐ 咆哮 páoxiào 파오샤오 동 으르렁거리다

☐ 汪汪 wāngwāng 왕왕 의성 멍멍(개 짖는 소리)

☐ 猫 māo 마오 명 고양이

☐ 喵 miāo 먀오 의성 야옹(고양이가 우는 소리)
  = 咪咪 mīmī 미미

☐ 虎 hǔ 후 명 호랑이
  = 老虎 lǎohǔ 라오후

☐ 熊 xióng 시웅 명 곰

☐ 熊猫 xióngmāo 시웅마오 명 판다

☐ 狐狸 húli 후리 명 여우

- 狐狸尾巴 húli wěiba 후리 웨이바
  - 명 나쁜 짓을 한 후 남은 흔적이나 증거(여우 꼬리)

- 狼 láng 랑 명 이리

- 狼吞虎咽 lángtūnhǔyàn 랑툰후이엔
  - 성 게걸스럽게 먹다(이리나 호랑이처럼 맹렬하고 급하게 먹다)

- 猴子 hóuzi 허우쯔 명 원숭이
  - = 猴儿 hóur 허울

- 猩猩 xīngxīng 싱싱 명 오랑우탄

- 黑猩猩 hēixīngxīng 헤이싱싱 명 침팬지

- 大猩猩 dàxīngxīng 따싱싱 명 고릴라

- 牛 niú 니우 명 소

- 公牛 gōngniú 꿍니우 명 황소

- 奶牛 nǎiniú 나이니우 명 젖소
  - = 乳牛 rǔniú 루니우

- 犀牛 xīniú 시니우 명 코뿔소

- 猪 zhū 주 명 돼지

- 羊 yáng 양 명 양

- 羔羊 gāoyáng 까오양 명 새끼양

- 马 mǎ 마 명 말

- 鬃毛 zōngmáo 쫑마오 명 갈기

- 矮种马 ǎizhǒngmǎ 아이중마 명 조랑말

- 斑马 bānmǎ 빤마 명 얼룩말

- 狮子 shīzi 스쯔 명 사자

- 大象 dàxiàng 따시앙 명 코끼리

- 象牙 xiàngyá 시앙야 명 상아

- 长颈鹿 chángjǐnglù 창징루 명 기린

- 河马 hémǎ 허마 [명] 하마

- 鹿 lù 루 [명] 사슴

- 鹿角 lùjiǎo 루쟈오 [명] 사슴뿔

- 梅花鹿 méihuālù 메이후아루 [명] 꽃사슴

- 驯鹿 xùnlù 쉰루 [명] 순록

- 兔子 tùzi 투쯔 [명] 토끼

- 貉 hé/háo 허/하오 [명] 너구리

- 浣熊 huànxióng 후안시웅 [명] 아메리칸너구리, 라쿤

- 鼠 shǔ 수 [명] 쥐
 = 老鼠 lǎoshǔ 라오수 (鼠의 낮은말)

- 松鼠 sōngshǔ 쑹수 [명] 다람쥐

- 仓鼠 cāngshǔ 창수 [명] 햄스터

- 鼹鼠 yǎnshǔ 이엔수 명 두더지

- 鼹鼠生活 yǎnshǔ shēnghuó 이엔수 성후어
  두더지 생활

- 蝙蝠 biānfú 삐엔푸 명 박쥐

- 鲸 jīng 징 명 고래
  = 鲸鱼 jīngyú 징위 (鲸의 낮은말)

- 海豚 hǎitún 하이툰 명 돌고래

- 鸟 niǎo 냐오 명 새

- 翅膀 chìbǎng 츠방 명 날개

- 羽毛 yǔmáo 위마오 명 깃털

- 鸟嘴 niǎozuǐ 냐오쭈이 명 새의 부리

- 巢 cháo 차오 명 새집, 둥지

- 蛋 dàn 딴 명 알

- 卵翼 luǎnyì 루안이 [동] 알을 품다

- 孵化 fūhuà 푸후아 [동] 부화하다

- 鸡 jī 지 [명] 닭

- 公鸡 gōngjī 꿍지 [명] 수탉

- 母鸡 mǔjī 무지 [명] 암탉

- 小鸡 xiǎojī 샤오지 [명] 병아리

- 鸭 yā 야 [명] 오리
  = 鸭子 yāzi 야쯔

- 火鸡 huǒjī 후어지 [명] 칠면조

- 凤凰 fènghuáng 펑후앙 [명] 봉황

- 杜鹃 dùjuān 뚜쥐엔 [명] 두견새

- 大杜鹃 dàdùjuān 따뚜쥐엔 [명] 뻐꾸기

- 黄鹂 huánglí 후앙리 톙 꾀꼬리
  = 黄鸟 huángniǎo 후앙냐오

- 麻雀 máquè 마취에 톙 참새

- 鸽 gē 꺼 톙 비둘기
  = 鸽子 gēzi 꺼쯔

- 燕 yàn 이엔 톙 제비
  = 燕子 yànzi 이엔쯔

- 乌鸦 wūyā 우야 톙 까마귀

- 鹊 què 취에 톙 까치
  = 喜鹊 xǐquè 시취에

- 鹰 yīng 잉 톙 매

- 雕 diāo 땨오 톙 독수리

- 海鸥 hǎi'ōu 하이어우 톙 갈매기

- 孔雀 kǒngquè 쿵취에 명 공작

- 鸵鸟 tuóniǎo 투어냐오 명 타조

- 猫头鹰 māotóuyīng 마오터우잉 명 부엉이
  = 夜猫子 yèmāozi 이에마오쯔

- 企鹅 qǐ'é 치어 명 펭귄

- 鱼 yú 위 명 물고기; 생선

- 鳃 sāi 싸이 명 아가미

- 鳍 qí 치 명 지느러미

- 鳞 lín 린 명 비늘

- 鱼缸 yúgāng 위깡 명 어항

- 热带鱼 rèdàiyú 러따이위 명 열대어

- 金鱼 jīnyú 진위 명 금붕어

- 鲨鱼 shāyú 사위 명 상어

- 章鱼 zhāngyú 장위 명 문어; 낙지

- 鱿鱼 yóuyú 여우위 명 오징어

- 炒鱿鱼 chǎo yóuyú 차오 여우위
  관 해고하다(오징어를 볶다)

- 鳐 yáo 야오 명 가오리

- 鳗鱼 mányú 만위 명 뱀장어

- 乌龟 wūguī 우꾸이 명 거북, 남생이

- 鳄 è 어 명 악어
  = 鳄鱼 èyú 어위 (鳄의 낮은말)

- 龙 lóng 룽 명 용

- 蛇 shé 서 명 뱀

- 蜥蜴 xīyì 시이 몡 도마뱀

- 蛙 wā 와 몡 개구리

- 青蛙 qīngwā 칭와 몡 청개구리

- 蝌蚪 kēdǒu 커더우 몡 올챙이

- 昆虫 kūnchóng 쿤충 몡 곤충, 벌레

- 触须 chùxū 추쉬 몡 더듬이

- 蜜蜂 mìfēng 미펑 몡 벌, 꿀벌

- 蜂蜜 fēngmì 펑미 몡 꿀

- 蝴蝶 húdié 후디에 몡 나비

- 蜻蜓 qīngtíng 칭팅 몡 잠자리

- 蚂蚁 mǎyǐ 마이 몡 개미

- 蚱蜢 zhàměng 자멍 몡 메뚜기, 베짱이

- 甲虫 jiǎchóng 지아충 명 딱정벌레

- 苍蝇 cāngyíng 창잉 명 파리

- 蚊子 wénzi 원쯔 명 모기

- 蟑螂 zhāngláng 장랑 명 바퀴벌레

- 蜘蛛 zhīzhū 즈주 명 거미

- 植物 zhíwù 즈우 명 식물

- 种 zhòng 중 동 심다

- 种 zhǒng 중 명 씨, 씨앗; 종류, 가지

- 种子 zhǒngzi 중쯔 명 씨, 씨앗

- 水果 shuǐguǒ 수이구어 명 과일, 과실

- 浇水 jiāoshuǐ 쟈오수이 동 물을 뿌리다

- 枯萎 kūwěi 쿠웨이 동 시들다

- 树 shù 수 몡 나무
  = 树木 shùmù 수무

- 树林 shùlín 수린 몡 숲

- 树枝 shùzhī 수즈 몡 나뭇가지
  = 枝子 zhīzi 즈쯔

- 叶 yè 이에 몡 잎, 잎사귀
  = 叶子 yèzi 이에쯔

- 根 gēn 껀 몡 뿌리
  = 根子 gēnzi 껀쯔

- 草 cǎo 차오 몡 풀

- 草地 cǎodì 차오띠 몡 초원, 잔디밭

- 杂草 zácǎo 짜차오 몡 잡초

- 花 huā 후아 몡 꽃

- 花瓣 huābàn 후아빤 명 꽃잎

- 开花 kāihuā 카이후아 동 꽃이 피다

- 雌蕊 círuǐ 츠루이 명 암술

- 雄蕊 xióngruǐ 시웅루이 명 수술

- 松树 sōngshù 쑹수 명 소나무

- 桦树 huàshù 후아수 명 자작나무

- 竹子 zhúzi 주쯔 명 대나무

- 梅花 méihuā 메이후아 명 매화

- 兰花 lánhuā 란후아 명 난(초)

- 菊花 júhuā 쥐후아 명 국화

- 牡丹 mǔdān 무딴 명 모란

- 山茶花 shāncháhuā 산차후아 명 동백꽃

- 玫瑰 méigui 메이구이 명 장미

- 郁金香 yùjīnxiāng 위진시앙 명 튤립

- 百合 bǎihé 바이허 명 백합

- 向日葵 xiàngrìkuí 시앙르쿠이 명 해바라기

- 蒲公英 púgōngyīng 푸꿍잉 명 민들레

- 樱花 yīnghuā 잉후아 명 벚꽃

- 牵牛花 qiānniúhuā 치엔니우후아 명 나팔꽃

- 杜鹃花 dùjuānhuā 뚜쥐엔후아 명 진달래

- 连翘 liánqiáo 리엔챠오 명 개나리

- 水仙花 shuǐxiānhuā 수이시엔후아 명 수선화

- 雪绒花 xuěrónghuā 쉬에룽후아 명 에델바이스

- 秋海棠 qiūhǎitáng 치우하이탕 몡 베고니아

- 蝴蝶花 húdiéhuā 후디에후아 몡 붓꽃

- 延命菊 yánmìngjú 이엔밍쥐 몡 데이지

第十单元 가정
家庭 지아팅

MP3. U10

- 家 jiā 지아 몡 집; 가정

- 家庭 jiātíng 지아팅 몡 가정

- 房子 fángzi 팡쯔 몡 집, 건물

- 盖房子 gài fángzi 까이 팡쯔 집을 짓다

- 公寓 gōngyù 꿍위 몡 아파트

- 单元 dānyuán 딴위엔 몡 (아파트의) 현관

- 门 mén 먼 몡 문

- 门口 ménkǒu 먼커우 몡 입구, 현관

- 钥匙 yàoshi 야오스 몡 열쇠

- 钥匙卡 yàoshikǎ 야오스카 몡 카드키

- 开门 kāimén 카이먼 동 (문을) 열다

- 拉开门 lākāimén 라카이먼 동 (문을) 당겨 열다

- 推开门 tuīkāimén 투이카이먼
  동 (문을) 밀어 열다

- 关门 guānmén 꾸안먼 동 (문을) 닫다

- 贼走关门 zéizǒuguānmén 쩨이쩌우꾸안먼
  성 도둑이 훔쳐간 뒤에 문을 잠그다

- 窗 chuāng 추앙 명 창문
  = 窗户 chuānghu 추앙후

- 窗帘 chuānglián 추앙리엔 명 커튼

- 门铃 ménlíng 먼링 명 초인종

- 摁门铃 èn ménlíng 언 먼링 초인종을 누르다

- 阳台 yángtái 양타이 명 발코니, 베란다

- 庭院 tíngyuàn 팅위엔 명 정원, 마당
  = 院子 yuànzi 위엔쯔

- 栅栏 zhàlán 자란 명 울타리, 난간

- 楼梯 lóutī 러우티 명 계단, 층계

- 电梯 diàntī 띠엔티 명 엘리베이터

- 阁楼 gélóu 거러우 명 다락방

- 顶楼 dǐnglóu 딩러우 명 (다층 건물의) 최고층

- 地下室 dìxiàshì 띠시아스 명 지하실

- 房间 fángjiān 팡지엔 명 방

- 卧室 wòshì 워스 명 침실
  = 卧房 wòfáng 워팡

- 客厅 kètīng 커팅 명 거실, 응접실

- 书房 shūfáng 수팡 명 서재

- 浴室 yùshì 위스 명 욕실

- 淋浴器 línyùqì 린위치 명 (목욕용) 샤워기

- 浴缸 yùgāng 위깡 명 욕조

- 脸盆架 liǎnpénjià 리엔펀지아 명 세면대

- 水龙头 shuǐlóngtóu 수이룽터우
  명 수도꼭지

- 洗手间 xǐshǒujiān 시서우지엔 명 화장실
  = 卫生间 wèishēngjiān 웨이성지엔

- 厕所 cèsuǒ 처쑤어 명 변소

- 抽水马桶 chōushuǐ mǎtǒng 처우수이 마통
  명 변기
  = 马桶 mǎtǒng 마통

- 仓库 cāngkù 창쿠 명 창고, 곳간

- 车库 chēkù 처쿠 명 차고

- 屋顶 wūdǐng 우딩 명 지붕, 옥상

- 烟囱 yāncōng 이엔충 명 굴뚝

- 地板 dìbǎn 띠반 명 바닥, 마루

- 天花板 tiānhuābǎn 티엔후아반 명 천장

- 墙 qiáng 치앙 명 벽, 담

- 间壁墙 jiānbìqiáng 지엔삐치앙 벽(방을 나누는 벽)

- 家具 jiājù 지아쥐 명 가구

- 沙发 shāfā 사파 명 소파

- 椅子 yǐzi 이쯔 명 의자

- 安乐椅 ānlèyǐ 안러이 명 안락의자, 흔들의자

- 桌子 zhuōzi 주어쯔 명 테이블, 탁자

- 书桌 shūzhuō 수주어 명 책상

- 餐桌 cānzhuō 찬주어 명 식탁

- 电视 diànshì 띠엔스 명 텔레비전

- 床 chuáng 추앙 명 침대

- 衣柜 yīguì 이꾸이 명 옷장

- 衣架 yījià 이지아 명 옷걸이; 옷장

- 壁橱 bìchú 삐추 명 벽장
  = 壁柜 bìguì 삐꾸이

- 柜橱 guìchú 꾸이추 명 서랍장, 수납장

- 抽屉 chōuti 처우티 명 서랍

- 架子 jiàzi 지아쯔 명 선반

- 书架 shūjià 수지아 명 책장, 책꽂이

- 镜子 jìngzi 징쯔 명 거울

- 照镜子 zhào jìngzi 자오 징쯔 동 거울을 보다

- 电灯 diàndēng 띠엔떵 명 전등

- 厨房 chúfáng 추팡 명 부엌, 주방

- 电冰箱 diànbīngxiāng 띠엔삥시앙 명 냉장고

- 冰箱 bīngxiāng 삥시앙 명 아이스박스; 냉장고

- 泡菜冰箱 pàocài bīngxiāng 파오차이 삥시앙 명 김치냉장고

- 煤气灶 méiqìzào 메이치짜오 명 가스레인지
  = 煤气炉 méiqìlú 메이치루

- 电灶 diànzào 띠엔짜오 명 전기레인지

- 微波炉 wēibōlú 웨이뽀루 명 전자레인지

- □ 烤箱 kǎoxiāng 카오시앙 명 오븐
  = 烤炉 kǎolú 카오루

- □ 搅拌机 jiǎobànjī 쟈오빤지 명 믹서, 블렌더

- □ 烤面包机 kǎomiànbāojī 카오미엔빠오지
  명 토스터

- □ 洗碗机 xǐwǎnjī 시완지 명 식기세척기

- □ 洗涤槽 xǐdícáo 시디차오 명 싱크대, 개수대
  = 水槽 shuǐcáo 수이차오

- □ 垃圾桶 lājītǒng 라지퉁 명 쓰레기통

- □ 垃圾 lājī 라지 명 쓰레기

- □ 打扫 dǎsǎo 다싸오 동 청소하다
  = 清扫 qīngsǎo 칭싸오

- □ 清洁 qīngjié 칭지에 형 깨끗하다
  동 깨끗하게 하다

□ 干净 gānjìng 깐징 [형] 깨끗하다, 청결하다

□ 脏 zāng 짱 [형] 더럽다, 불결하다

□ 整齐 zhěngqí 정치 [형] 깔끔하다, 단정하다
[동] 정돈하다

□ 收拾 shōushi 서우스 [동] 정돈하다, 정리하다

□ 吸尘器 xīchénqì 시천치 [명] 진공 청소기

□ 扫帚 sǎozhou 싸오저우 [명] 빗자루

□ 箕 jī 지 [명] 쓰레받기

□ 抹布 mābù 마뿌 [명] 행주; 걸레

□ 洗衣机 xǐyījī 시이지 [명] 세탁기

□ 要洗的衣服 yào xǐde yīfu 야오 시더 이푸
빨래, 세탁물

10

第十一单元 옷
衣服 이푸

MP3. U11

☐ 衣服 yīfu 이푸 명 옷, 의복

☐ 服装 fúzhuāng 푸주앙 명 복장, 의류

☐ 穿 chuān 추안 동 (옷, 신발, 양말 등을) 입다, 신다

☐ 脱 tuō 투어 동 (몸에서) 벗다

☐ 袖子 xiùzi 시우쯔 명 소매

☐ 长袖 chángxiù 창시우 긴소매

☐ 短袖 duǎnxiù 두안시우 짧은소매

☐ 西装 xīzhuāng 시주앙 명 양복
  = 西服 xīfú 시푸

☐ 中装 zhōngzhuāng 중주앙 명 중국 전통 복장

☐ 中山服 zhōngshānfú 중산푸 중산복(인민복)

- 旗袍 qípáo 치파오 몡 치파오

- 衬衫 chènshān 천산 몡 셔츠, 와이셔츠

- 无袖衫 wúxiùshān 우시우산 몡 민소매 셔츠

- 羊毛衫 yángmáoshān 양마오산
  몡 양모 셔츠

- T恤衫 T xùshān 티 쉬산 몡 티셔츠

- 毛衣 máoyī 마오이 몡 스웨터

- 高领毛衣 gāolǐng máoyī 까오링 마오이
  몡 터틀넥 스웨터

- 开襟绒线衫 kāijīn róngxiànshān
  카이진 룽시엔산 몡 카디건

- 背心 bèixīn 뻬이신 몡 조끼

- 夹克 jiákè 지아커 몡 재킷

- 皮夹克 píjiákè 피지아커 명 가죽 재킷

- 羽绒服 yǔróngfú 위룽푸 명 다운 재킷

- 大衣 dàyī 따이 명 외투, 오버코트
  = 外衣 wàiyī 와이이
  = 外套 wàitào 와이타오

- 裤子 kùzi 쿠쯔 명 바지

- 长裤 chángkù 창쿠 명 긴바지

- 短裤 duǎnkù 두안쿠 명 반바지

- 牛仔裤 niúzǎikù 니우짜이쿠 명 청바지

- 裙子 qúnzi 췬쯔 명 치마

- 迷你裙 mínǐqún 미니췬 미니스커트

- 绉褶裙 zhòuzhěqún 저우저췬 주름치마

- 连衣裙 liányīqún 리엔이췬 명 원피스

- 紧身裤 jǐnshēnkù 진선쿠 명 레깅스
  = 打底裤 dǎdǐkù 다디쿠

- 礼服 lǐfú 리푸 명 예복

- 婚纱 hūnshā 훈사 명 웨딩드레스

- 内衣 nèiyī 네이이 명 속옷

- 内裤 nèikù 네이쿠 명 팬티, 속바지

- 胸罩 xiōngzhào 시웅자오 브래지어

- 女士内衣 nǚshì nèiyī 뉴스 네이이
  명 여성 속옷

- 睡衣 shuìyī 수이이 명 잠옷

- 运动服 yùndòngfú 윈뚱푸 명 운동복

- 雨衣 yǔyī 위이 명 우비

- 围巾 wéijīn 웨이진 명 목도리, 스카프

- 领带 lǐngdài 링따이 명 넥타이

- 背带 bēidài 뻬이따이 명 멜빵

- 腰带 yāodài 야오따이 명 허리띠

- 手套 shǒutào 서우타오 명 장갑

- 连指手套 liánzhǐ shǒutào 리엔즈 서우타오
  벙어리장갑

- 帽子 màozi 마오쯔 명 모자(앞 부분만 챙이 있는 모자)

- 棒球帽 bàngqiúmào 빵치우마오 야구 모자

- 草帽 cǎomào 차오마오 명 밀짚모자

- 小便帽 xiǎobiànmào 샤오삐엔마오
  명 비니(머리에 딱 맞는 동그란 모자)

- 戴高帽 dài gāomào 따이 까오마오
  관 비행기를 태우다(고의로 치켜세우다)

- 袜子 wàzi 와쯔 몡 양말

- 长袜 chángwà 창와 몡 스타킹

- 鞋子 xiézi 시에쯔 몡 신발, 구두

- 运动鞋 yùndòngxié 윈똥시에 몡 운동화

- 平底便鞋 píngdǐ biànxié 핑디 삐엔시에
  몡 단화

- 旅游鞋 lǚyóuxié 뤼여우시에
  몡 여행 신발(관광객들이 신는 간편한 신발)

- 高跟鞋 gāogēnxié 까오껀시에 몡 하이힐

- 凉鞋 liángxié 리앙시에 몡 샌들

- 人字拖 rénzìtuō 런쯔투어 조리

- 拖鞋 tuōxié 투어시에 몡 슬리퍼

- 靴子 xuēzi 쉬에쯔 몡 장화, 부츠

- 眼镜 yǎnjìng 이엔징 圀 안경

- 太阳眼镜 tàiyáng yǎnjìng 타이양 이엔징
  圀 선글라스

- 包 bāo 빠오 圀 가방, 보따리

- 书包 shūbāo 수빠오 圀 책가방

- 提包 tíbāo 티빠오 圀 핸드백

- 单肩包 dānjiānbāo 딴지엔빠오 圀 숄더백

- 无带提包 wúdài tíbāo 우따이 티빠오
  圀 클러치 백(격식을 차린 파티 등에서 손에 드는 작은 지갑)
  = 手拿包 shǒunábāo 서우나빠오

- 小袋 xiǎodài 샤오따이 圀 파우치(작은 주머니)

- 背包 bēibāo 뻬이빠오 圀 배낭

- 行李箱 xínglixiāng 싱리시앙 圀 트렁크, 여행용 가방

- 钱包 qiánbāo 치엔빠오 <mark>명</mark> 지갑

- 宝石 bǎoshí 바오스 <mark>명</mark> 보석

- 珠宝 zhūbǎo 주바오 <mark>명</mark> 진주와 보석, 보석류

- 首饰 shǒushì 서우스 <mark>명</mark> 장신구, 액세서리

- 项链 xiàngliàn 시앙리엔 <mark>명</mark> 목걸이

- 手镯 shǒuzhuó 서우주어 <mark>명</mark> 팔찌

- 耳环 ěrhuán 얼후안 <mark>명</mark> 귀걸이

- 戒指 jièzhǐ 지에즈 <mark>명</mark> 반지

- 发夹 fàjiá 파지아 <mark>명</mark> 머리핀

- 胸针 xiōngzhēn 시옹전 <mark>명</mark> 브로치

- 流行 liúxíng 리우싱 <mark>형</mark> <mark>동</mark> 유행하다

- 潮流 cháoliú 차오리우 <mark>명</mark> 추세, 조류

- 时尚 shíshàng 스상 <u>명</u> 시대적 유행

- 时髦 shímáo 스마오 <u>형</u> 유행하다, 최신식이다

- 时装 shízhuāng 스주앙
  <u>명</u> 최신 스타일의 복장, 뉴 패션

- 过时 guòshí 꾸어스 <u>형</u> 유행이 지나다,
  시대에 뒤떨어지다

- 不合时尚 bùhé shíshàng 뿌허 스상
  패션 감각에 맞지 않다

- 衣领 yīlǐng 이링 <u>명</u> 옷깃, 칼라

- V领 V lǐng 웨이 링 브이넥

- 圆领 yuánlǐng 위엔링 라운드 넥

- 口袋 kǒudài 커우따이 <u>명</u> 호주머니

- 拉链 lāliàn 라리엔 <u>명</u> 지퍼

□ 扣子 kòuzi 커우쯔 阌 단추

□ 织物 zhīwù 즈우 阌 직물

□ 丝绸 sīchóu 쓰처우 阌 비단, 실크

□ 棉 mián 미엔 阌 면

□ 羊毛 yángmáo 양마오 阌 양모

□ 人造纤维 rénzào xiānwéi 런짜오 시엔웨이
합성섬유

□ 皮革 pígé 피거 阌 가죽, 피혁

□ 纹 wén 원 阌 무늬

□ 条纹 tiáowén 탸오원 阌 줄무늬

□ 方格 fānggé 팡거 阌 체크무늬

□ 花纹 huāwén 후아원 阌 꽃무늬

- 水珠纹 shuǐzhūwén 수이주원 몡 물방울무늬

- 绣 xiù 시우 통 수놓다

- 刺绣 cìxiù 츠시우 몡 자수 통 수를 놓다

- 绣花 xiùhuā 시우후아
  통 그림이나 도안을 수놓다

第十二单元 음식
食物 스우

- □ 食物 shíwù 스우 명 음식, 음식물

- □ 餐 cān 찬 명 음식 양 끼니

- □ 吃 chī 츠 동 먹다

- □ 料理 liàolǐ 랴오리 동 요리하다
  = 做菜 zuòcài 쭈어차이

- □ 饭 fàn 판 명 밥

- □ 做饭 zuòfàn 쭈어판 동 밥을 하다

- □ 肉 ròu 러우 명 고기

- □ 牛肉 niúròu 니우러우 명 소고기

- □ 猪肉 zhūròu 주러우 명 돼지고기

- □ 鸡肉 jīròu 지러우 명 닭고기

- ☐ 羊肉 yángròu 양러우 명 양고기

- ☐ 鱼 yú 위 명 물고기; 생선

- ☐ 大头鱼 dàtóuyú 따터우위 명 대구
  = 鳕鱼 xuěyú 쉬에위

- ☐ 带鱼 dàiyú 따이위 명 갈치

- ☐ 青花鱼 qīnghuāyú 칭후아위 명 고등어
  = 鲐鱼 táiyú 타이위

- ☐ 鲑鱼 guīyú 꾸이위 명 연어

- ☐ 金枪鱼 jīnqiāngyú 진치앙위 명 참치

- ☐ 鳀鱼 tíyú 티위 명 멸치

- ☐ 海蜒 hǎiyán 하이이엔 명 마른멸치
  = 海艳 hǎiyàn 하이이엔

- ☐ 鱿鱼 yóuyú 여우위 명 오징어

☐ 章鱼 zhāngyú 장위 명 문어; 낙지

☐ 虾 xiā 시아 명 새우

☐ 虾仁 xiārén 시아런 명 생새우살

☐ 大虾 dàxiā 따시아 명 대하, 큰 새우

☐ 蛤 gé 거 명 조개

☐ 牡蛎 mǔlì 무리 명 굴
  = 海蛎子 hǎilìzi 하이리쯔

☐ 螃蟹 pángxiè 팡시에 명 게

☐ 龙虾 lóngxiā 룽시아 명 바닷가재, 랍스터

☐ 甘紫菜 gānzǐcài 깐쯔차이 명 김
  = 紫菜 zǐcài 쯔차이 (甘紫菜의 낮은말)

☐ 海带 hǎidài 하이따이 명 다시마; 미역

☐ 谷物 gǔwù 구우 명 곡물

- 米 mǐ 미 명 쌀

- 豆 dòu 떠우 명 콩

- 大豆 dàdòu 따떠우 명 대두

- 黄豆 huángdòu 후앙떠우 명 황두

- 豌豆 wāndòu 완떠우 명 완두콩

- 菜豆 càidòu 차이떠우 명 강낭콩
  = 四季豆 sìjìdòu 쓰지떠우

- 小豆 xiǎodòu 샤오떠우 명 팥

- 玉米 yùmǐ 위미 명 옥수수

- 蔬菜 shūcài 수차이 명 채소

- 白菜 báicài 바이차이 명 배추

- 卷心菜 juǎnxīncài 쥐엔신차이 명 양배추

- 香菜 xiāngcài 시앙차이 명 고수(풀)

- 菠菜 bōcài 뽀차이 명 시금치

- 黄瓜 huángguā 후앙꾸아 명 오이

- 南瓜 nánguā 난꾸아 명 호박

- 萝卜 luóbo 루어보 명 무

- 红萝卜 hóngluóbo 훙루어보 명 당근

- 土豆 tǔdòu 투떠우 명 감자

- 甘薯 gānshǔ 깐수 명 고구마

- 西兰花 xīlánhuā 시란후아 명 브로콜리

- 橄榄 gǎnlǎn 간란 명 올리브

- 茄子 qiézi 치에쯔 명 가지

- 西红柿 xīhóngshì 시홍스 **명** 토마토
  = 番茄 fānqié 판치에

- 大蒜 dàsuàn 따쑤안 **명** 마늘

- 洋葱 yángcōng 양충 **명** 양파

- 辣椒 làjiāo 라쟈오 **명** 고추

- 红辣椒 hónglàjiāo 훙라쟈오 빨간 고추

- 红灯笼辣椒 hóngdēnglong làjiāo 훙떵룽 라쟈오 **명** 파프리카

- 青椒 qīngjiāo 칭쟈오 **명** 피망
  = 甜椒 tiánjiāo 티엔쟈오
  = 柿子椒 shìzijiāo 스쯔쟈오

- 花椒 huājiāo 후아쟈오 **명** 산초, 산초나무

- 胡椒 hújiāo 후쟈오 **명** 후추

- 水果 shuǐguǒ 수이구어 명 과일, 과실

- 草莓 cǎoméi 차오메이 명 딸기

- 树莓 shùméi 수메이 명 산딸기

- 苹果 píngguǒ 핑구어 명 사과

- 梨 lí 리 명 배

- 橙子 chéngzi 청쯔 명 오렌지

- 橘子 júzi 쥐쯔 명 귤

- 柠檬 níngméng 닝멍 명 레몬

- 葡萄 pútáo 푸타오 명 포도

- 香蕉 xiāngjiāo 시앙쟈오 명 바나나

- 西瓜 xīguā 시꾸아 명 수박

- 甜瓜 tiánguā 티엔꾸아 명 멜론

- 菠萝 bōluó 뽀루어 명 파인애플
  = 凤梨 fènglí 펑리

- 桃子 táozi 타오쯔 명 복숭아

- 杏 xìng 싱 명 살구

- 樱桃 yīngtáo 잉타오 명 앵두

- 荔枝 lìzhī 리즈 명 리치

- 芒果 mángguǒ 망구어 명 망고

- 无花果 wúhuāguǒ 우후아구어 명 무화과

- 鳄梨 èlí 어리 명 아보카도

- 饮料 yǐnliào 인랴오 명 음료

- 喝 hē 허 동 마시다

- 水 shuǐ 수이 명 물

- 开水 kāishuǐ 카이수이 명 끓인 물

- 矿泉水 kuàngquánshuǐ 쿠앙취엔수이 명 광천수, 미네랄 워터

- 苏打水 sūdáshuǐ 쑤다수이 명 탄산수

- 牛奶 niúnǎi 니우나이 명 우유

- 啤酒 píjiǔ 피지우 명 맥주

- 葡萄酒 pútáojiǔ 푸타오지우 명 와인, 포도주

- 可乐 kělè 커러 명 콜라

- 汽水 qìshuǐ 치수이 명 사이다

- 咖啡 kāfēi 카페이 명 커피

- 甜点 tiándiǎn 티엔디엔 명 디저트, 후식

- 冰淇淋 bīngqílín 삥치린 명 아이스크림

- 佐料 zuǒliào 쭈어랴오 명 양념, 조미료
  = 调料 tiáoliào 탸오랴오

- 酱 jiàng 지앙 명 드레싱, 소스
  = 沙司 shāsī 사쓰

- 盐 yán 이옌 명 소금

- 糖 táng 탕 명 설탕; 사탕

- 醋 cù 추 명 식초

- 酱油 jiàngyóu 지앙여우 명 간장

- 大豆酱 dàdòujiàng 따떠우지앙 명 된장

- 红辣椒酱 hónglàjiāojiàng 훙라쟈오지앙 명 고추장

- 食油 shíyóu 스여우 명 식용유

- 橄榄油 gǎnlǎnyóu 간란여우 명 올리브유

- 芝麻油 zhīmáyóu 즈마여우 몡 참기름

- 黄油 huángyóu 후앙여우 몡 버터

- 沙拉酱 shālājiàng 사라지앙 몡 마요네즈
  = 蛋黄酱 dànhuángjiàng 딴후앙지앙

- 芥末 jièmò 지에모 몡 겨자

- 番茄酱 fānqiéjiàng 판치에지앙 몡 케첩

- 蜂蜜 fēngmì 펑미 몡 꿀

- 果酱 guǒjiàng 구어지앙 몡 잼

- 烹饪法 fēngrènfǎ 펑런파 몡 요리법

- 切 qiē 치에 동 자르다, 썰다

- 切碎 qiēsuì 치에쑤이 잘게 자르다

- 切丝 qiēsī 치에쓰 채 썰다

- 切块 qiēkuài 치에콰이 토막토막 자르다

- 剥 bāo 빠오 [동] (껍질을) 벗기다

- 混合 hùnhé 훈허 [동] 섞다

- 搅拌 jiǎobàn 쟈오빤 [동] 휘저어 섞다, 반죽하다

- 煎 jiān 지엔 [동] (적은 기름에) 지지다, 부치다

- 炒 chǎo 차오 [동] 볶다

- 烘 hōng 훙 [동] (불에) 굽다

- 烤 kǎo 카오 [동] (불에 쬐어) 굽다

- 烧 shāo 사오 [동] 졸이다

- 烧烤 shāokǎo 사오카오 [동] 불에 굽다, 볶다

- 煮 zhǔ 주 [동] 삶다, 끓이다

- 蒸 zhēng 정 [동] 찌다

- □ 厨具 chújù 추쥐 몡 조리도구

- □ 刀 dāo 따오 몡 칼

- □ 菜刀 càidāo 차이따오 몡 식칼

- □ 刀子 dāozi 따오쯔 몡 작은 칼

- □ 切菜板 qiēcàibǎn 치에차이반 몡 도마

- □ 勺子 sháozi 사오쯔 몡 국자, 주걱

- □ 锅 guō 꾸어 몡 솥, 냄비

- □ 平底锅 píngdǐguō 핑디꾸어 몡 프라이팬
  = 煎锅 jiānguō 지엔꾸어

- □ 餐具 cānjù 찬쥐 몡 식기, 식사 도구

- □ 碗 wǎn 완 몡 그릇, 사발 양 그릇

- □ 杯子 bēizi 뻬이쯔 몡 컵, 잔

- 玻璃杯 bōlíbēi 뽀리뻬이 명 유리컵

- 碟子 diézi 디에쯔 명 접시

- 盘子 pánzi 판쯔 명 쟁반

- 汤匙 tāngchí 탕츠 명 (중국식) 국 숟가락

- 匙子 chízi 츠쯔 명 숟가락

- 筷子 kuàizi 콰이쯔 명 젓가락

- 叉子 chāzi 차쯔 명 포크

第十三单元 취미
爱好 아이하오

MP3. U13

- 爱好 àihào 아이하오 명 취미

- 兴趣 xìngqù 싱취 명 흥미, 취미, 관심

- 闲暇 xiánxiá 시엔시아 명 여가, 여가활동

- 运动 yùndòng 윈뚱 명 스포츠, 운동

- 做运动 zuò yùndòng 쭈어 윈뚱 운동하다

- 比赛 bǐsài 비싸이 명 경기, 게임

- 健身房 jiànshēnfáng 지엔선팡 명 체육관, 헬스클럽
  = 体育馆 tǐyùguǎn 티위구안

- 跑 pǎo 파오 동 달리다

- 慢跑 mànpǎo 만파오 명 조깅

- 游泳 yóuyǒng 여우융 명 수영

- 游泳池 yóuyǒngchí 여우융츠 명 수영장

- 球 qiú 치우 명 공

- 球拍 qiúpāi 치우파이 명 라켓

- 网球 wǎngqiú 왕치우 명 테니스, 테니스공

- 羽毛球 yǔmáoqiú 위마오치우 명 배드민턴, 셔틀콕

- 足球 zúqiú 쭈치우 명 축구, 축구공

- 美式足球 měishì zúqiú 메이스 쭈치우 명 미식축구

- 棒球 bàngqiú 빵치우 명 야구, 야구공

- 篮球 lánqiú 란치우 명 농구, 농구공

- 排球 páiqiú 파이치우 명 배구, 배구공

- 乒乓球 pīngpāngqiú 핑팡치우 명 탁구, 탁구공

- 台球 táiqiú 타이치우 명 당구, 당구공

- 高尔夫球 gāo'ěrfūqiú 까오얼푸치우 명 골프, 골프공

- 瑜伽 yújiā 위지아 명 요가

- 拳击 quánjī 취엔지 명 권투, 복싱

- 滑雪 huáxuě 후아쉬에 명 스키 동 스키를 타다

- 滑冰 huábīng 후아삥 명 스케이트 동 스케이트를 타다

- 溜冰场 liūbīngchǎng 리우삥창 명 스케이트장

- 四轮滑冰鞋 sìlún huábīngxié 쓰룬 후아삥시에 명 롤러 스케이트
  = 旱冰 hànbīng 한삥

□ 自行车 zìxíngchē 쯔싱처 몡 자전거

□ 骑车 qíchē 치처 동 자전거를 타다

□ 音乐 yīnyuè 인위에 몡 음악

□ 听 tīng 팅 동 듣다

□ 演奏 yǎnzòu 이엔쩌우 동 연주하다

□ 歌 gē 꺼 몡 노래
　= 歌曲 gēqǔ 꺼취

□ 唱 chàng 창 동 노래하다

□ 歌手 gēshǒu 꺼서우 몡 가수

□ 歌词 gēcí 꺼츠 몡 가사

□ 旋律 xuánlǜ 쉬엔뤼 몡 멜로디, 선율

□ 作曲 zuòqǔ 쭈어취 동 작곡하다

- 作曲家 zuòqǔjiā 쭈어취지아 [명] 작곡가

- 作词 zuòcí 쭈어츠 [동] 작사하다

- 词作者 cízuòzhě 츠쭈어저 작사가

- 唱片 chàngpiàn 창피엔 [명] 음반, 레코드

- 乐器 yuèqì 위에치 [명] 악기

- 钢琴 gāngqín 깡친 [명] 피아노

- 弹钢琴 tán gāngqín 탄 깡친 피아노를 치다

- 小提琴 xiǎotíqín 샤오티친 [명] 바이올린

- 拉小提琴 lā xiǎotíqín 라 샤오티친
  바이올린을 켜다

- 大提琴 dàtíqín 따티친 [명] 첼로

- 竖琴 shùqín 수친 [명] 하프

- 吉他 jítā 지타 명 기타

- 鼓 gǔ 구 명 드럼; 북

- 长笛 chángdí 창디 명 플루트

- 小号 xiǎohào 샤오하오 명 트럼펫

- 喇叭 lǎbā 라빠 명 나팔

- 萨克斯管 sàkèsīguǎn 싸커쓰구안
  명 색소폰

- 演唱会 yǎnchànghuì 이엔창후이 명 음악회, 콘서트

- 管弦乐队 guǎnxián yuèduì
  구안시엔 위에뚜이 명 오케스트라, 교향악단
  = 交响乐队 jiāoxiǎng yuèduì
  쟈오시앙 위에뚜이

- 指挥 zhǐhuī 즈후이 명 지휘자 동 지휘하다

- 歌剧 gējù 꺼쥐 명 오페라

- 京剧 jīngjù 징쥐 명 경극

- 音乐剧 yīnyuèjù 인위에쥐 명 뮤지컬

- 电影 diànyǐng 띠엔잉 명 영화

- 看电影 kàn diànyǐng 칸 띠엔잉
  동 영화를 보다

- 电影院 diànyǐngyuàn 띠엔잉위엔 명 영화관

- 公映 gōngyìng 꿍잉 동 개봉하다

- 首映 shǒuyìng 서우잉 동 처음으로 상영하다

- 首映迫近 shǒuyìng pòjìn 서우잉 포진
  개봉박두

- 动作片 dòngzuòpiàn 뚱쭈어피엔
  명 액션 영화

- 动画片 dònghuàpiàn 뚱후아피엔

  몡 만화 영화, 애니메이션

  = 卡通片 kǎtōngpiàn 카퉁피엔

- 喜剧片 xǐjùpiàn 시쥐피엔 몡 코미디 영화

  = 喜剧电影 xǐjù diànyǐng 시쥐 띠엔잉

- 恐怖片 kǒngbùpiàn 쿵뿌피엔 몡 공포 영화

- 爱情片 àiqíngpiàn 아이칭피엔

  몡 로맨틱 영화

  = 浪漫电影 làngmàn diànyǐng 랑만 띠엔잉

- 科幻片 kēhuànpiàn 커후안피엔

  몡 공상 과학 영화

  = 科幻电影 kēhuàn diànyǐng 커후안 띠엔잉

- 纪录片 jìlùpiàn 지루피엔 몡 기록 영화, 다큐멘터리

- 导演 dǎoyǎn 다오이엔 몡 감독, 연출자

- 演员 yǎnyuán 이엔위엔 명 배우, 연기자

- 女演员 nǚyǎnyuán 뉘이엔위엔 명 여배우

- 观众 guānzhòng 꾸안중 명 관중, 시청자

- 听众 tīngzhòng 팅중 명 청중

- 情节 qíngjié 칭지에 명 줄거리, 플롯

- 主角 zhǔjué 주쥐에 명 주인공
  = 主人公 zhǔréngōng 주런꿍

- 男主角 nánzhǔjué 난주쥐에 명 주연 남배우

- 女主角 nǚzhǔjué 뉘주쥐에 명 주연 여배우

- 书 shū 수 명 책
  = 书籍 shūjí 수지

- 看书 kànshū 칸수 동 독서하다
  = 阅读 yuèdú 위에두

- 文学 wénxué 원쉬에 [명] 문학

- 小说 xiǎoshuō 샤오수어 [명] 소설

- 诗 shī 스 [명] 시

- 散文 sǎnwén 싼원 [명] 산문, 수필, 에세이

- 杂志 zázhì 짜즈 [명] 잡지

- 漫画书 mànhuàshū 만후아수 [명] 만화책

- 童话书 tónghuàshū 퉁후아수 [명] 동화책

- 传记 zhuànjì 주안지 [명] 위인전

- 自传 zìzhuàn 쯔주안 [명] 자서전

- 书店 shūdiàn 수띠엔 [명] 서점

- 图书馆 túshūguǎn 투수구안 [명] 도서관

- 写 xiě 시에 [동] 쓰다, (작품 등을) 짓다

- 写作 xiězuò 시에쭈어 [동] 글을 짓다

- 作家 zuòjiā 쭈어지아 [명] 글 쓰는 사람, 작가

- 小说家 xiǎoshuōjiā 샤오수어지아 [명] 소설가

- 诗人 shīrén 스런 [명] 시인

- 散文家 sǎnwénjiā 싼원지아 [명] 수필가

- 照片 zhàopiàn 자오피엔 [명] 사진
 = 相片 xiàngpiàn 시앙피엔

- 照相 zhàoxiàng 자오시앙 [동] 사진을 찍다
 = 拍照 pāizhào 파이자오

- 照相机 zhàoxiàngjī 자오시앙지 [명] 카메라

- 数码相机 shùmǎ xiàngjī 수마 시앙지
 [명] 디지털 카메라

- 摄影 shèyǐng 서잉 [동] 사진을 찍다, 영화를 촬영하다

- 画 huà 후아 몡 그림 동 그림을 그리다

- 画家 huàjiā 후아지아 명 화가

- 绘画 huìhuà 후이후아 명 그림, 유화, 수채화

- 草图 cǎotú 차오투 명 스케치

- 插图 chātú 차투 명 삽화

- 颜色 yánsè 이엔써 명 색, 물감

- 颜料 yánliào 이엔랴오 명 물감

- 色彩 sècǎi 써차이 명 색채, 색깔

- 毛笔 máobǐ 마오비 명 붓

- 帆布 fānbù 판뿌 명 캔버스

- 下棋 xiàqí 시아치 동 장기를 두다, 바둑을 두다

- 象棋 xiàngqí 시앙치 몡 중국 장기

- 围棋 wéiqí 웨이치 몡 바둑

- 五子棋 wǔzǐqí 우쯔치 몡 (바둑의) 오목

- 国际象棋 guójì xiàngqí 구어지 시앙치
  몡 체스, 서양 장기

- 棋盘游戏 qípán yóuxì 치판 여우시
  몡 보드게임

- 骰子 tóuzi 터우쯔 몡 주사위

- 收集 shōují 서우지 동 수집하다
  = 采集 cǎijí 차이지

- 散步 sànbù 싼뿌 동 산책하다

- 爬山 páshān 파산 동 등산하다

- 攀登 pāndēng 판떵 동 등반하다

□ 野营 yěyíng 이에잉 동 야영하다
  = 露营 lùyíng 루잉

□ 钓鱼 diàoyú 땨오위 동 낚시하다

□ 插花 chāhuā 차후아 동 꽃꽂이하다

□ 园艺 yuányì 위엔이 명 원예, 정원 가꾸기

第十四单元 전화 & 인터넷
电话和因特网 띠엔후아 허 인터왕
MP3. U14

- 电话 diànhuà 띠엔후아 명 전화

- 手机 shǒujī 서우지 명 휴대전화

- 智能手机 zhìnéng shǒujī 즈넝 서우지
  명 스마트 폰

- 电话号码 diànhuà hàomǎ 띠엔후아 하오마
  명 전화번호

- 手机号 shǒujīhào 서우지하오 휴대전화 번호

- 打电话 dǎ diànhuà 다 띠엔후아 전화를 걸다

- 回电话 huí diànhuà 후이 띠엔후아
  다시 전화하다

- 挂电话 guà diànhuà 꾸아 띠엔후아
  전화를 끊다

- [ ] 接电话 jiē diànhuà 지에 띠엔후아
  전화를 받다

- [ ] 转接电话 zhuǎnjiē diànhuà
  주안지에 띠엔후아 전화를 바꾸다

- [ ] 稍等 shāoděng 사오덩 통 잠깐 기다리다

- [ ] 打不通 dǎbutōng 다부퉁 전화가 안 되다

- [ ] 打错 dǎcuò 다추어 통 (전화를) 잘못 걸다

- [ ] 占线 zhànxiàn 잔시엔 통 (전화가) 통화 중이다

- [ ] 视频电话 shìpín diànhuà 스핀 띠엔후아
  명 영상통화

- [ ] 紧急电话 jǐnjí diànhuà 진지 띠엔후아
  긴급 전화

- [ ] 漫游服务 mànyóu fúwù 만여우 푸우
  로밍서비스

14

- 公用电话 gōngyòng diànhuà
  꿍융 띠엔후아 몡 공중전화

- 短信 duǎnxìn 두안신 몡 문자 메시지

- 发短信 fā duǎnxìn 파 두안신
  문자 메시지를 보내다

- 接收短信 jiēshōu duǎnxìn 지에서우 두안신
  문자 메시지를 받다

- 铃声 língshēng 링성 몡 벨소리
  = 铃音 língyīn 링인

- 回铃音 huí língyīn 후이 링인 몡 통화 연결음

- 振动 zhèndòng 전똥 통 진동하다

- 应用 yìngyòng 잉융 몡 애플리케이션, 앱

- 移动数据 yídòng shùjù 이똥 수쥐
  모바일 데이터

- [ ] 下载 xiàzài 시아짜이 [동] 다운로드하다

- [ ] 上载 shàngzài 상짜이 [동] 업로드하다
  = 上传 shàngchuán 상추안

- [ ] 更新 gēngxīn 껑신 [동] 업데이트하다,
  ~을 최신식으로 하다

- [ ] 电池 diànchí 띠엔츠 [명] 배터리

- [ ] 充电 chōngdiàn 충띠엔 [동] 충전하다

- [ ] 充电器 chōngdiànqì 충띠엔치 [명] 충전기

- [ ] 无线局域网 wúxiàn júyùwǎng
  우시엔 쥐위왕 [명] 와이파이, 무선 인터넷
  = 无线区域网络 wúxiàn qūyù wǎngluò
  우시엔 취위 왕루어

- [ ] 因特网 yīntèwǎng 인터왕 [명] 인터넷
  = 互联网 hùliánwǎng 후리엔왕

14

- 网络 wǎngluò 왕루어 명 온라인
  = 网上 wǎngshàng 왕상

- 网站 wǎngzhàn 왕잔 명 웹사이트

- 主页 zhǔyè 주이에 명 홈페이지

- 浏览器 liúlǎnqì 리우란치 명 브라우저

- 地址栏 dìzhǐlán 띠즈란 주소창

- 搜索 sōusuǒ 써우쑤어 동 검색하다

- 搜索栏 sōusuǒlán 써우쑤어란 검색창
  = 搜索条 sōusuǒtiáo 써우쑤어탸오

- 收藏夹 shōucángjiā 서우창지아 명 즐겨찾기

- 浏览网站 liúlǎn wǎngzhàn 리우란 왕잔
  웹서핑하다

- □ **创建网站** chuàngjiàn wǎngzhàn
  추앙지엔 왕잔 웹사이트를 만들다

- □ **网络游戏** wǎngluò yóuxì 왕루어 여우시
  몡 온라인 게임
  = **网游** wǎngyóu 왕여우

- □ **网上购物** wǎngshàng gòuwù 왕상 꺼우우
  몡 인터넷 쇼핑
  = **网购** wǎnggòu 왕꺼우

- □ **网上银行** wǎngshàng yínháng 왕상 인항
  몡 인터넷뱅킹
  = **网银** wǎngyín 왕인

- □ **访问** fǎngwèn 팡원 동 (사이트에) 접속하다
  = **接近** jiējìn 지에진
  = **连接** liánjiē 리엔지에

- □ **访问网站** fǎngwèn wǎngzhàn 팡원 왕잔
  웹사이트에 접속하다

- 电子邮件 diànzi yóujiàn 띠엔쯔 여우지엔
  명 이메일
  = 邮件 yóujiàn 여우지엔
  = 伊妹儿 yīmèi'ér 이메이얼

- 邮件地址 yóujiàn dìzhǐ 여우지엔 띠즈
  이메일 주소

- 发电子邮件 fā diànzi yóujiàn
  파 띠엔쯔 여우지엔 이메일을 보내다

- 附件 fùjiàn 푸지엔 명 첨부 파일

- 登录 dēnglù 떵루 동 로그인하다

- 登出 dēngchū 떵추 동 로그아웃하다

- 加入 jiārù 지아루 동 회원가입하다

- 退出 tuìchū 투이추 동 회원탈퇴하다;
  퇴장하다

- □ **入网账目** rùwǎng zhàngmù 루왕 장무
  명 계정

- □ **网名** wǎngmíng 왕밍 명 아이디
  = **用户** yònghù 융후
  = **用户名** yònghùmíng 융후밍

- □ **密码** mìmǎ 미마 명 비밀번호

- □ **电脑** diànnǎo 띠엔나오 명 컴퓨터
  = **计算机** jìsuànjī 지쑤안지

- □ **台式电脑** táishì diànnǎo 타이스 띠엔나오
  명 데스크톱 컴퓨터

- □ **笔记本电脑** bǐjìběn diànnǎo
  비지번 띠엔나오 명 노트북 컴퓨터

- □ **平板电脑** píngbǎn diànnǎo 핑반 띠엔나오
  명 태블릿 컴퓨터

- □ **开** kāi 카이 동 켜다

- 关 guān 꾸안 [동] 끄다

- 显示器 xiǎnshìqì 시엔스치 [명] 모니터

- 屏幕 píngmù 핑무 [명] 화면, 스크린

- 桌面背景 zhuōmiàn bèijǐng 주어미엔 뻬이징 [명] 바탕화면

- 键盘 jiànpán 지엔판 [명] 키보드

- 快捷键 kuàijiéjiàn 콰이지에지엔 [명] 단축키

- 鼠标器 shǔbiāoqì 수뺘오치 [명] 마우스

- 无线鼠标 wúxiàn shǔbiāo 우시엔 수뺘오 [명] 무선 마우스

- 光鼠标 guāngshǔbiāo 꾸앙수뺘오 [명] 광마우스

- 鼠标垫 shǔbiāodiàn 수뺘오띠엔 [명] 마우스 패드

- 单击 dānjī 딴지 [동] 클릭하다
  = 点击 diǎnjī 디엔지

- 双击 shuāngjī 수앙지 [동] 더블클릭하다

- 标记 biāojì 뺘오지 [명] 탭

- 硬盘 yìngpán 잉판 하드 디스크
  = 硬盘驱动器 yìngpán qūdòngqì
  잉판 취똥치

- 随机存取存贮器 suíjīcúnqǔcúnzhùqì
  쑤이지춘취춘주치 [명] 램(랜덤 기억 장치)

- 只读存储器 zhǐdúcúnchǔqì 즈두춘추치
  [명] 롬(읽기 전용 기억 장치)

- 节目 jiémù 지에무 [명] 프로그램

- 安装 ānzhuāng 안주앙 [동] 설치하다

- 操作系统 cāozuò xìtǒng 차오쭈어 시퉁
컴퓨터 운영 체제

- 打印机 dǎyìnjī 다인지 명 프린터

- 复印机 fùyìnjī 푸인지 명 복사기

- 扫描器 sǎomiáoqì 싸오먀오치 명 스캐너

- 网络摄像机 wǎngluò shèxiàngjī
왕루어 서시앙지 명 웹캠

- 保存 bǎocún 바오춘 동 저장하다

- 删除 shānchú 산추 동 지우다, 삭제하다
= 取消 qǔxiāo 취샤오

- 档案 dàng'àn 땅안 명 파일

- 文件夹 wénjiànjiā 원지엔지아 명 (파일) 폴더

- 病毒 bìngdú 삥두 명 (컴퓨터) 바이러스

- 杀毒软件 shādú ruǎnjiàn 사두 루안지엔
  백신 프로그램

- 垃圾邮件 lājī yóujiàn 라지 여우지엔
  명 스팸메일

- 黑客 hēikè 헤이커 명 해커

- 阻碍 zǔ'ài 쭈아이 동 차단하다
  = 阻止 zǔzhǐ 쭈즈

- 博客 bókè 보커 명 블로그

- 聊天工具 liáotiān gōngjù 랴오티엔 꿍쥐
  메신저
  = 聊天软件 liáotiān ruǎnjiàn
    랴오티엔 루안지엔

- 微信 Wēixìn 웨이신
  신 위챗(We chat, 중국판 카카오톡)

- 微博 Wēibó 웨이보
  - 신 웨이보(MicroBlog의 줄인 말, 중국판 트위터)

- 社交网络服务 shèjiāo wǎngluò fúwù 서쟈오 왕루어 푸우 소셜 네트워크, SNS

- 脸书 Liǎnshū 리엔수
  페이스북(Facebook의 중국어 명칭)

- 照片墙 Zhàopiànqiáng 자오피엔치앙
  인스타그램(Instagram의 중국어 명칭)

- 推特 Tuītè 투이터 트위터(Twitter의 중국어 명칭)

第十五单元 학교
学校 쉬에샤오

MP3. U15

- 学校 xuéxiào 쉬에샤오 명 학교

- 小学 xiǎoxué 샤오쉬에 명 초등학교

- 小学生 xiǎoxuéshēng 샤오쉬에성
  명 초등학생

- 初中 chūzhōng 추중 명 중학교(初级中学의 약칭)

- 初中生 chūzhōngshēng 추중성 명 중학생

- 高中 gāozhōng 까오중
  명 고등학교(高级中学의 약칭)

- 高中生 gāozhōngshēng 까오중성
  명 고등학생

- 中学 zhōngxué 중쉬에 명 중고등학교

- □ **中学生** zhōngxuéshēng 쭝쉬에성
  - 몡 중고등학생

- □ **高校** gāoxiào 까오샤오 고등 교육기관의 통칭

- □ **大专** dàzhuān 따주안
  - 몡 전문대학(大学专科의 약칭)

- □ **大专生** dàzhuānshēng 따주안성
  - 몡 전문대학생

- □ **大学** dàxué 따쉬에 몡 (종합)대학

- □ **大学生** dàxuéshēng 따쉬에성 몡 대학생

- □ **专业** zhuānyè 주안이에 몡 전공

- □ **辅修** fǔxiū 푸시우 몡 (대학의) 부전공

- □ **学院** xuéyuàn 쉬에위엔 몡 학원, 단과대학

- □ **培训班** péixùnbān 페이쉰빤 몡 양성반, 육성반

- 补习班 bǔxíbān 부시빤 명 보습학원

- 入学 rùxué 루쉬에 동 입학하다

- 入学考试 rùxué kǎoshì 루쉬에 카오스 명 입학 시험

- 毕业 bìyè 삐이에 명 졸업 동 졸업하다

- 毕业生 bìyèshēng 삐이에성 명 졸업생

- 出席 chūxí 추시 동 출석하다, 참가하다
 = 到场 dàochǎng 따오창

- 缺席 quēxí 취에시 동 결석하다
 = 不在场 búzàichǎng 부짜이창

- 迟到 chídào 츠따오 동 지각하다

- 教 jiāo 쟈오 동 (지식이나 기술을) 가르치다

- 老师 lǎoshī 라오스 명 선생님, 스승

□ 教授 jiàoshòu 쟈오서우 명 교수 동 가르치다

□ 教师 jiàoshī 쟈오스 명 교사, 교수

□ 学 xué 쉬에 동 배우다, 익히다

□ 学习 xuéxí 쉬에시 동 공부하다

□ 学生 xuésheng 쉬에성 명 학생

□ 学徒 xuétú 쉬에투 명 제자, 수습생

□ 同学 tóngxué 퉁쉬에 명 학우, 학교 친구
= 校友 xiàoyǒu 샤오여우 명 교우

□ 新生 xīnshēng 신성 명 신입생

□ 课 kè 커 명 수업, (수업) 과목, 수업 시간

□ 上课 shàngkè 상커 동 수업을 듣다, 수업하다

□ 下课 xiàkè 시아커 동 수업이 끝나다, 수업을 마치다

- 放学 fàngxué 팡쉬에 [동] 학교가 끝나다, 수업을 마치다

- 下学 xiàxué 시아쉬에 [동] 학교가 파하다

- 课程 kèchéng 커청 [명] 커리큘럼, 교과목

- 教学 jiàoxué 쟈오쉬에 [명] 수업

- 教学 jiāoxué 쟈오쉬에 [동] 학생을 가르치다

- 讲课 jiǎngkè 지앙커 [동] 강의하다, 수업하다

- 年级 niánjí 니엔지 [명] 학년, 학년도

- 学期 xuéqī 쉬에치 [명] 학기

- 注册 zhùcè 주처 [동] 등록하다

- 登记 dēngjì 떵지 [동] 등록하다, 수강신청하다

- 科目 kēmù 커무 [명] 과목, 강의

□ 国语 guóyǔ 구어위 명 국어

□ 汉语 Hànyǔ 한위 명 중국어

□ 英语 Yīngyǔ 잉위 명 영어

□ 韩语 Hányǔ 한위 명 한국어

□ 日语 Rìyǔ 르위 명 일본어

□ 文学 wénxué 원쉬에 명 문학

□ 数学 shùxué 수쉬에 명 수학

□ 科学 kēxué 커쉬에 명 과학

□ 化学 huàxué 후아쉬에 명 화학

□ 物理学 wùlǐxué 우리쉬에 명 물리학

□ 生物学 shēngwùxué 성우쉬에 명 생물학

□ 天文学 tiānwénxué 티엔원쉬에 명 천문학

- 社会学 shèhuìxué 서후이쉬에 명 사회학

- 历史学 lìshǐxué 리스쉬에 명 역사학, 사학

- 地理学 dìlǐxué 띠리쉬에 명 지리학

- 地质学 dìzhìxué 띠즈쉬에 명 지질학

- 伦理学 lúnlǐxué 룬리쉬에 명 윤리학

- 政治学 zhèngzhìxué 정즈쉬에 명 정치학

- 经济学 jīngjìxué 징지쉬에 명 경제학

- 会计学 kuàijìxué 콰이지쉬에 명 회계학

- 心理学 xīnlǐxué 신리쉬에 명 심리학

- 哲学 zhéxué 저쉬에 명 철학

- 音乐 yīnyuè 인위에 명 음악

- 美术 měishù 메이수 명 미술

15

- □ 体育 tǐyù 티위 명 체육

- □ 课本 kèběn 커번 명 교과서

- □ 课外活动 kèwài huódòng 커와이 후어뚱 (방과 후) 과외활동

- □ 复习 fùxí 푸시우 동 복습하다

- □ 预习 yùxí 위시 동 예습하다

- □ 问 wèn 원 동 묻다, 질문하다

- □ 问题 wèntí 원티 명 문제; 고장

- □ 回答 huídá 후이다 명 대답 동 대답하다

- □ 数字 shùzì 수쯔 명 숫자

- □ 计算 jìsuàn 지쑤안 동 계산하다

- □ 计算器 jìsuànqì 지쑤안치 명 전자계산기

□ 黑板 hēibǎn 헤이반 명 칠판

□ 粉笔 fěnbǐ 펀비 명 분필

□ 黑板擦 hēibǎncā 헤이반차 명 칠판지우개

□ 白板 báibǎn 바이반 명 백색 칠판(화이트보드)
  = 白色书写板 báisè shūxiěbǎn
    바이써 수시에반

□ 白板笔 báibǎnbǐ 바이반비 명 보드마카

□ 笔记本 bǐjìběn 비지번 명 공책

□ 铅笔 qiānbǐ 치엔비 명 연필

□ 自动铅笔 zìdòng qiānbǐ 쯔뚱 치엔비
  명 샤프펜슬
  = 活动铅笔 huódòng qiānbǐ 후어뚱 치엔비

□ 橡皮 xiàngpí 시앙피 명 지우개

15

- □ 修正液 xiūzhèngyè 시우정이에 명 수정액
  = 涂改液 túgǎiyè 투가이이에

- □ 修正带 xiūzhèngdài 시우정따이 수정테이프

- □ 圆珠笔 yuánzhūbǐ 위엔주비 명 볼펜

- □ 钢笔 gāngbǐ 깡비 명 만년필

- □ 书包 shūbāo 수빠오 명 책가방

- □ 记录 jìlù 지루 동 필기하다

- □ 笔记 bǐjì 비지 명 필기 동 필기하다

- □ 作业 zuòyè 쭈어이에 명 숙제

- □ 功课 gōngkè 꿍커 명 숙제; 학업, 강의

- □ 做作业 zuò zuòyè 쭈어 쭈어이에 숙제하다

- □ 报告 bàogào 빠오까오 명 보고, 보고서
  동 보고하다

- 提出 tíchū 티추 동 제출하다
  = 提交 tíjiāo 티쟈오

- 考试 kǎoshì 카오스 명 시험 동 시험을 치다

- 期中考试 qīzhōng kǎoshì 치중 카오스
  중간 고사

- 期末考试 qīmò kǎoshì 치모 카오스
  기말 고사

- 大考 dàkǎo 따카오 명 종합 고사

- 小考 xiǎokǎo 샤오카오 명 수시 시험

- 高考 gāokǎo 까오카오
  명 (중국의) 대학 입학 시험

- 中考 zhōngkǎo 중카오
  명 (중국의) 고등학교 입학 시험

- □ **中考热** zhōngkǎorè 중카오러
  - 신 중점 고등학교에 입학하려는 경쟁 현상

- □ **测验** cèyàn 처이엔 동 시험하다, 테스트하다

- □ **考上** kǎoshàng 카오상 동 (시험에) 합격하다

- □ **及格** jígé 지거 동 합격하다

- □ **考不上** kǎobushàng 카오부상
  동 (시험에) 불합격하다
  = **不及格** bùjígé 뿌지거

- □ **作弊** zuòbì 쭈어삐 동 속임수를 쓰다,
  부정행위(커닝)를 하다

- □ **容易** róngyì 룽이 형 쉽다

- □ **难** nán 난 형 어렵다

- □ **结果** jiéguǒ 지에구어 명 결과

- 分数 fēnshù 펀수 명 점수

- 学分 xuéfēn 쉬에펀 명 학점

- 成绩 chéngjì 청지 명 성적

- 成绩单 chéngjìdān 청지딴 명 성적표

- 平均 píngjūn 핑쥔 형 평균의 동 평균을 내다

- 评价 píngjià 핑지아 명 평가 동 평가하다

- 学位 xuéwèi 쉬에웨이 명 학위

- 学士 xuéshì 쉬에스 명 학사

- 硕士 shuòshì 수어스 명 석사

- 博士 bóshì 보스 명 박사

- 奖学金 jiǎngxuéjīn 지앙쉬에진 명 장학금

- 课间 kèjiān 커지엔 명 수업과 수업 사이(의 짬)

- 休息时间 xiūxi shíjiān 시우시 스지엔
  휴식 시간

- 空闲 kòngxián 쿵시엔 명 여가, 짬

- 暑假 shǔjià 수지아 명 여름 방학, 여름 휴가

- 寒假 hánjià 한지아 명 겨울 방학

- 郊游 jiāoyóu 쟈오여우 동 교외로 소풍 가다

- 野餐 yěcān 이에찬 명 소풍

- 运动会 yùndònghuì 윈뚱후이 명 운동회

- 图书馆 túshūguǎn 투수구안 명 도서관

- 校服 xiàofú 샤오푸 명 교복

- 校车 xiàochē 샤오처 명 스쿨버스

第十六单元 일
工作 꿍쭈어

- 工作 gōngzuò 꿍쭈어 명 일, 직업 동 일하다

- 工作狂 gōngzuòkuáng 꿍쭈어쿠앙
  일 중독자

- 业务 yèwù 이에우 명 업무

- 职业 zhíyè 즈이에 명 직업

- 岗位 gǎngwèi 강웨이 명 직장, 근무처

- 公司 gōngsī 꿍쓰 명 회사, 직장

- 办公室 bàngōngshì 빤꿍스 명 사무실

- 开工 kāigōng 카이꿍 동 일을 시작하다

- 停工 tínggōng 팅꿍 동 일을 멈추다

- 部门 bùmén 뿌먼 명 부, 부서

- 总务部 zǒngwùbù 쭝우뿌 명 총무부

- 财务部 cáiwùbù 차이우뿌 명 경리부, 재무부

- 人事部 rénshìbù 런스뿌 명 인사부

- 营业部 yíngyèbù 잉이에뿌 명 영업부

- 市场部 shìchǎngbù 스창뿌 명 마케팅부
  = 营销部 yíngxiāobù 잉샤오뿌

- 公关部 gōngguānbù 꿍꾸안뿌 명 홍보부

- 研究开发部 yánjiūkāifābù
  이엔지우카이파뿌 연구개발부
  = 研发部 yánfābù 이엔파뿌

- 生产部 shēngchǎnbù 성찬뿌 명 생산부

- 采购部 cǎigòubù 차이꺼우뿌 명 구매부

- □ 装运部 zhuāngyùnbù 주앙윈뿌 배송부

- □ 客户服务部 kèhùfúwùbù 커후푸우뿌
  고객 서비스부
  = 客服部 kèfúbù 커푸뿌

- □ 编辑部 biānjíbù 삐엔지뿌 명 편집부

- □ 设计部 shèjìbù 서지뿌 명 디자인부

- □ 同事 tóngshì 퉁스 명 동료

- □ 职位 zhíwèi 즈웨이 명 직위

- □ 地位 dìwèi 띠웨이 명 (사회적) 지위

- □ 上司 shàngsī 상쓰 명 상사

- □ 领导 lǐngdǎo 링다오 명 지도자, 리더
  동 지도하다

- □ 老板 lǎobǎn 라오반 명 사장

□ 总经理 zǒngjīnglǐ 쭝징리
　명 (기업의) 최고 경영자

□ 董事长 dǒngshìzhǎng 둥스장 명 회장,
　대표이사

□ 总裁 zǒngcái 쭝차이 명 (기업의) 총수

□ 经理 jīnglǐ 징리 명 (기업의) 사장, (호텔의) 지배인

□ 副经理 fùjīnglǐ 푸징리 명 (기업의) 부사장,
　(호텔의) 부지배인

□ 科长 kēzhǎng 커장 명 과장

□ 主任 zhǔrèn 주런 명 주임

□ 员工 yuángōng 위엔꿍 명 사원, 직원

□ 新员工 xīnyuángōng 신위엔꿍 신입사원

□ 升级 shēngjí 성지 동 승진하다

- □ 文件 wénjiàn 원지엔 명 문서, 서류

- □ 议案 yì'àn 이안 명 안건, 의안

- □ 会议 huìyì 후이이 명 회의

- □ 周例会 zhōulìhuì 저우리후이 주간 회의

- □ 月例会 yuèlìhuì 위에리후이 월간 회의

- □ 会议室 huìyìshì 후이이스 명 회의실

- □ 工资 gōngzī 꿍쯔 명 임금, 노임

- □ 薪水 xīnshuǐ 신수이 명 봉급, 급여

- □ 收入 shōurù 서우루 명 수입, 소득

- □ 月薪 yuèxīn 위에신 명 월급
  = 月工资 yuègōngzī 위에꿍쯔

- □ 报酬 bàochóu 빠오처우 명 월급, 수당

16

- 年薪 niánxīn 니엔신 _명 연봉

- 年收入 niánshōurù 니엔서우루 _명 연수입

- 工资单 gōngzīdān 꽁쯔딴 _명 급여명세표

- 工资表 gōngzībiǎo 꽁쯔뱌오 _명 임금 대장, 임금 지급 총액

- 总工资 zǒnggōngzī 쫑꽁쯔 총 급여

- 净工资 jìnggōngzī 징꽁쯔 실수령 급여

- 基本工资 jīběn gōngzī 지번 꽁쯔
  _명 기본급

- 最低工资 zuìdī gōngzī 쭈이띠 꽁쯔
  _명 최저 임금

- 津贴 jīntiē 진티에 _명 수당
  = 补贴 bǔtiē 부티에
  = 补助 bǔzhù 부주

- □ **加班津贴** jiābān jīntiē 지아빤 진티에
  야근 수당

- □ **奖金** jiǎngjīn 지앙진 몡 상여금, 보너스

- □ **加薪** jiāxīn 지아신 통 임금이 오르다

- □ **减薪** jiǎnxīn 지엔신 통 감봉하다

- □ **工资冻结** gōngzī dòngjié 꿍쯔 뚱지에
  임금 동결

- □ **扣除** kòuchú 커우추 통 공제하다

- □ **税** shuì 수이 몡 세금, 세

- □ **医疗保险** yīliáo bǎoxiǎn 이랴오 바오시엔
  몡 의료보험

- □ **健康保险** jiànkāng bǎoxiǎn
  지엔캉 바오시엔 건강보험

16

- 上班 shàngbān 상빤 [동] 출근하다

- 拼车 pīnchē 핀처 [신] 카풀

- 堵车 dǔchē 두처 [동] 교통이 체증되다
  = 塞车 sāichē 싸이처

- 交通高峰期 jiāotōng gāofēngqī
  쟈오퉁 까오펑치 러시 아워

- 下班 xiàbān 시아빤 [동] 퇴근하다

- 早退 zǎotuì 짜오투이 [동] 조퇴하다

- 出差 chūchāi 추차이 [동] 출장 가다

- 罢工 bàgōng 빠꿍 [명] 파업 [동] 파업하다

- 退休 tuìxiū 투이시우 [동] 퇴직하다, 은퇴하다

- 退休者 tuìxiūzhě 투이시우저 퇴직자, 은퇴자

- 退休金 tuìxiūjīn 투이시우진 [명] 퇴직금

- 养老金 yǎnglǎojīn 양라오진 명 양로금, 연금

- 辞职 cízhí 츠즈 동 사직하다, 직장을 그만두다

- 自愿离职 zìyuàn lízhí 쯔위엔 리즈 명예퇴직, 희망퇴직

- 解雇 jiěgù 지에꾸 동 해고하다
  = 开除 kāichú 카이추
  = 炒鱿鱼 chǎo yóuyú 차오 여우위 관

- 被解雇 bèi jiěgù 뻬이 지에꾸 해고되다

- 裁员 cáiyuán 차이위엔
  동 (기업, 기관에서) 감원하다

- 企业重组 qǐyè chóngzǔ 치이에 충쭈
  구조조정

- 休假 xiūjià 시우지아 동 휴가를 보내다
  = 度假 dùjià 뚜지아

□ 假期 jiàqī 지아치 명 휴가

□ 病假 bìngjià 삥지아 명 병가

□ 带薪休假 dàixīn xiūjià 따이신 시우지아
유급 휴가

□ 育婴假 yùyīngjià 위잉지아 출산 휴가

□ 产假 chǎnjià 찬지아 (여성의) 출산 휴가

□ 陪产假 péichǎnjià 페이찬지아
(남성의) 출산 휴가

□ 亲子假 qīnzǐjià 친쯔지아 육아 휴직

□ 商人 shāngrén 상런 명 상인

□ 售货员 shòuhuòyuán 서우후어위엔
명 판매원, 점원
= 销售员 xiāoshòuyuán 샤오서우위엔

- 程序设计者 chéngxù shèjìzhě 청쉬 서지저
  몡 프로그래머

- 律师 lǜshī 뤼스 몡 변호사

- 法官 fǎguān 파꾸안 몡 판사, 법관

- 会计师 kuàijìshī 콰이지스 몡 회계사

- 警察 jǐngchá 징차 몡 경찰

- 老师 lǎoshī 라오스 몡 선생님, 스승

- 救火队员 jiùhuǒ duìyuán 지우후어 뚜이위엔
  몡 소방관

- 建筑师 jiànzhùshī 지엔주스 몡 건축가

- 邮递员 yóudìyuán 여우띠위엔 몡 우편배달부
  = 邮差 yóuchāi 여우차이

- 记者 jìzhě 지저 몡 기자

- □ 政治家 zhèngzhìjiā 정즈지아 명 정치인

- □ 工程师 gōngchéngshī 꿍청스 명 엔지니어

- □ 管子工 guǎnzigōng 구안쯔꿍 배관공

- □ 机修工 jīxiūgōng 지시우꿍 기계정비기사

- □ 厨师 chúshī 추스 명 요리사, 조리사
    = 厨子 chúzi 추쯔

- □ 面包师 miànbāoshī 미엔빠오스 명 제빵사

- □ 服务员 fúwùyuán 푸우위엔 명 종업원, 웨이터

- □ 医生 yīshēng 이성 명 의사
    = 大夫 dàifu 따이푸

- □ 牙科医生 yákē yīshēng 야커 이성
    명 치과의사
    = 牙医 yáyī 야이

- 兽医 shòuyī 서우이 명 수의사

- 护士 hùshi 후스 명 간호사

- 药剂师 yàojìshī 야오지스 명 약사

- 理发师 lǐfàshī 리파스 명 이발사

- 美容师 měiróngshī 메이룽스 명 미용사

- 花商 huāshāng 후아상 플로리스트

- 农夫 nóngfū 눙푸 명 농부

- 渔夫 yúfū 위푸 명 어부

- 秘书 mìshū 미수 명 비서

- 摄影师 shèyǐngshī 서잉스 명 촬영기사, 사진사

- 设计师 shèjìshī 서지스 명 디자이너

- 编辑者 biānjízhě 삐엔지저 명 편집자

- 雇佣 gùyōng 꾸용 동 고용하다

- 聘请 pìnqǐng 핀칭 동 초빙하다

- 招聘 zhāopìn 자오핀 동 모집하다

- 求职 qiúzhí 치우즈 동 구직하다

- 应聘 yìngpìn 잉핀 동 지원하다

- 申请 shēnqǐng 선칭 동 신청하다

- 就业考试 jiùyè kǎoshì 지우이에 카오스 입사 시험

- 面试 miànshì 미엔스 명 면접시험 동 면접시험 보다

- 简历 jiǎnlì 지엔리 명 이력서

- □ 简介 jiǎnjiè 지엔지에 명 간단한 소개서
  동 간단하게 소개하다

- □ 工作经验 gōngzuò jīngyàn 꿍쭈어 징이엔
  직업 경력
  = 职业生涯 zhíyè shēngyá 즈이에 셩야

- □ 学历 xuélì 쉬에리 명 학력

16

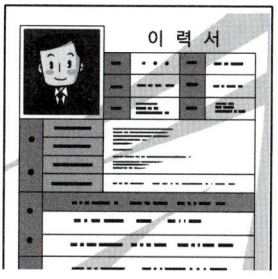

第十七单元 음식점 & 카페
餐厅和咖啡厅 찬팅 허 카페이팅

MP3. U17

☐ 餐厅 cāntīng 찬팅 명 음식점, 레스토랑

☐ 咖啡厅 kāfēitīng 카페이팅 명 카페, 커피숍

☐ 菜 cài 차이 명 요리; 채소

☐ 菜单 càidān 차이딴 명 차림표, 식단, 메뉴

☐ 点菜 diǎncài 디엔차이 동 요리를 주문하다
  = 点餐 diǎncān 디엔찬

☐ 中餐 zhōngcān 중찬 명 중식, 중국 요리

☐ 西餐 xīcān 시찬 명 양식, 서양 요리

☐ 韩餐 háncān 한찬 명 한식, 한국 요리

☐ 日餐 rìcān 르찬 명 일식, 일본 요리

- 开胃菜 kāiwèicài 카이웨이차이 전채, 애피타이저

- 主菜 zhǔcài 주차이 명 메인 요리

- 主食 zhǔshí 주스 명 주식(밥이나 면)

- 家常菜 jiāchángcài 지아창차이
  명 일상 가정 요리

- 甜点 tiándiǎn 티엔디엔 명 디저트, 후식

- 快餐 kuàicān 콰이찬 명 패스트푸드

- 小吃 xiǎochī 샤오츠 명 간단한 음식; 간식

- 预订 yùdìng 위띵 동 예약하다
  = 预约 yùyuē 위위에
  = 订 dìng 띵

- 推荐 tuījiàn 투이지엔 동 추천하다

- 挑选 tiāoxuǎn 탸오쉬엔 동 선택하다

- 打包 dǎbāo 다빠오 [동] 포장하다

- 带走 dàizǒu 따이쩌우 [동] 가지고 가다

- 肋骨 lèigǔ 레이구 [명] 갈비

- 里脊肉 lǐjǐròu 리지러우 [명] (양, 돼지 등의) 안심

- 牛里脊肉 niúlǐjǐròu 니우리지러우 [명] (소의) 등심

- 糖醋里脊 tángcùlǐjǐ 탕추리지 [명] 탕수리지

- 锅巴肉 guōbāròu 꾸어빠러우 [명] 궈바로우

- 牛排 niúpái 니우파이 [명] 스테이크, 소갈비

- 熟 shú 수 [형] (음식이) 익다

- 全熟 quánshú 취엔수 완전히 익다(웰던)

- 七分熟 qīfēnshú 치펀수
  중간보다 좀 더 익다(미디엄웰던)

- □ 五分熟 wǔfēnshú 우펀수
  중간으로 익다(미디엄)

- □ 三分熟 sānfēnshú 싼펀수 덜 익다(레어)

- □ 红烧肉 hóngshāoròu 훙사오러우
  명 훙사오러우

- □ 东坡肉 dōngpōròu 뚱포러우 명 동파육

- □ 北京烤鸭 Běijīng kǎoyā 베이징 카오야
  명 베이징 덕(베이징 오리구이)

- □ 鱼香肉丝 yúxiāngròusī 위시앙러우쓰
  명 위샹러우쓰(쓰촨식 돼지고기 볶음 요리)

- □ 香肠 xiāngcháng 시앙창 명 소시지

- □ 火腿 huǒtuǐ 후어투이 명 햄

- □ 煎土豆 jiāntǔdòu 지엔투떠우 감자튀김
  = 薯条 shǔtiáo 수탸오

- 米饭 mǐfàn 미판 명 쌀밥

- 炒饭 chǎofàn 차오판 명 볶음밥

- 炸酱面 zhàjiàngmiàn 자지앙미엔 명 짜장면

- 炒码面 chǎomǎmiàn 차오마미엔 명 짬뽕

- 汤 tāng 탕 명 국, 수프

- 浓汤 nóngtāng 눙탕 명 퓨레, 걸죽한 수프

- 酸辣汤 suānlàtāng 쑤안라탕 명 쌴라탕

- 饺子 jiǎozi 쟈오쯔 명 만두

- 馒头 mántou 만터우 명 찐빵

- 包子 bāozi 빠오쯔 명 바오쯔

- 沙拉 shālā 사라 명 샐러드
  = 色拉 sèlā 써라

- 麻婆豆腐 mápódòufu 마포떠우푸
  몡 마파두부

- 臭豆腐 chòudòufu 처우떠우푸 몡 취두부

- 宫保鸡丁 gōngbǎojīdīng 꿍바오지띵
  몡 궁바오지딩

- 干烹鸡 gānpēngjī 깐펑지 몡 깐풍기

- 糖醋鱼 tángcùyú 탕추위 몡 탕수어

- 麻辣火锅 málàhuǒguō 마라후어꾸어
  몡 마라훠궈

- 全家福 quánjiāfú 취엔지아푸 몡 전가복

- 佛跳墙 fótiàoqiáng 포탸오치앙 몡 불도장

- 西红柿炒鸡蛋 xīhóngshì chǎojīdàn
  시훙스 차오지딴 몡 토마토 달걀볶음

- [ ] 海鲜 hǎixiān 하이시엔 명 해산물
  = 海产食品 hǎichǎn shípǐn 하이찬 스핀

- [ ] 龙虾 lóngxiā 룽시아 명 바닷가재, 랍스터

- [ ] 贻贝 yíbèi 이뻬이 명 홍합

- [ ] 牡蛎 mǔlì 무리 명 굴
  = 海蛎子 hǎilìzi 하이리쯔

- [ ] 贝 bèi 뻬이 명 조개

- [ ] 蜗牛 wōniú 워니우 명 달팽이

- [ ] 蘑菇 mógū 모꾸 명 버섯

- [ ] 香菇 xiānggū 시앙꾸 명 표고버섯

- [ ] 松露 sōnglù 쑹루 명 송로버섯

- [ ] 酸奶 suānnǎi 쑤안나이
  명 요구르트(酸牛奶의 약칭)
  = 酸牛奶 suānniúnǎi 쑤안니우나이

- 冰淇淋 bīngqílín 삥치린 몡 아이스크림

- 冰棍儿 bīnggùnr 삥꾸얼
  몡 빙과(아이스바 형태의 빙과류)

- 奶酪 nǎilào 나이라오 몡 치즈

- 奶油 nǎiyóu 나이여우 몡 버터; 크림

- 糖 táng 탕 몡 설탕; 사탕

- 糖果 tángguǒ 탕구어 몡 사탕

- 巧克力 qiǎokèlì 챠오커리 몡 초콜릿

- 面包 miànbāo 미엔빠오 몡 빵

- 蒜蓉面包 suànróng miànbāo
  쑤안룽 미엔빠오 마늘빵

- 棒面包 bàng miànbāo 빵 미엔빠오 몡 바게트

- 牛角包 niújiǎobāo 니우쟈오빠오 몡 크루아상

- 蛋糕 dàngāo 딴까오 [명] 케이크

- 蛋糕卷 dàngāojuǎn 딴까오쥐엔 [명] 롤케이크

- 饼干 bǐnggàn 빙깐 [명] 비스킷, 과자

- 土司 tǔsī 투쓰 토스트

- 三明治 sānmíngzhì 싼밍즈 [명] 샌드위치

- 薄煎饼 báojiānbǐng 바오지엔빙 팬케이크

- 煎饼 jiānbǐng 지엔빙 [명] 전병(중국식 부꾸미)

- 油条 yóutiáo 여우탸오 [명] 유탸오

- 饮料 yǐnliào 인랴오 [명] 음료

- 咖啡 kāfēi 카페이 [명] 커피

- 热咖啡 rèkāfēi 러카페이 뜨거운 커피

- 冷咖啡 lěngkāfēi 렁카페이 냉커피

- 冰咖啡 bīngkāfēi 삥카페이 아이스 커피

- 即溶咖啡 jíróng kāfēi 지룽 카페이 인스턴트 커피

- 原豆咖啡 yuándòu kāfēi 위엔떠우 카페이 원두 커피

- 冰滴咖啡 bīngdī kāfēi 삥띠 카페이 더치 커피

- 意大利浓咖啡 Yìdàlì nóngkāfēi 이따리 눙카페이 에스프레소

- 拿铁咖啡 nátiě kāfēi 나티에 카페이 카페라떼

- 卡布奇诺 kǎbùqínuò 카뿌치누어 카푸치노

- 咖啡摩卡 kāfēimókǎ 카페이모카 카페모카

- 茶 chá 차 명 차

- 绿茶 lǜchá 뤼차 명 녹차

- 红茶 hóngchá 홍차 명 홍차

- 草本茶 cǎoběnchá 차오번차 명 허브차

- 奶茶 nǎichá 나이차 명 밀크티

- 珍珠奶茶 zhēnzhū nǎichá 전주 나이차 명 밀크버블티

- 果汁 guǒzhī 구어즈 명 과일 주스

- 橙汁 chéngzhī 청즈 명 오렌지 주스

- 柠檬汽水 níngméng qìshuǐ 닝멍 치수이 명 레모네이드

- 碳酸饮料 tànsuān yǐnliào 탄쑤안 인랴오 명 탄산 음료

- 苏打水 sūdáshuǐ 쑤다수이 명 탄산수

- 矿泉水 kuàngquánshuǐ 쿠앙취엔수이 명 광천수, 미네랄 워터

- 酒 jiǔ 지우 몡 술

- 高粱酒 gāoliángjiǔ 까오리앙지우 몡 고량주

- 绍兴酒 shàoxīngjiǔ 사오싱지우 몡 소흥주, 사오싱주

- 香槟酒 xiāngbīnjiǔ 시앙삔지우 몡 샴페인
  = 香槟 xiāngbīn 시앙삔 (香槟酒의 약칭)

- 啤酒 píjiǔ 피지우 몡 맥주

- 威士忌 wēishìjì 웨이스지 몡 위스키

- 葡萄酒 pútáojiǔ 푸타오지우 몡 와인, 포도주

- 冰 bīng 삥 몡 얼음

- 杯子 bēizi 뻬이쯔 몡 컵, 잔

- 茶杯 chábēi 차뻬이 몡 찻잔

- 玻璃杯 bōlíbēi 뽀리뻬이 몡 유리컵

- 吸管 xīguǎn 시구안 몡 빨대

- 餐巾 cānjīn 찬진 몡 냅킨

- 账单 zhàngdān 장딴 몡 계산서

- 买单 mǎidān 마이딴 몡 계산서 동 계산하다

- 小费 xiǎofèi 샤오페이 몡 팁

- 发票 fāpiào 파퍄오 몡 영수증

- 收据 shōujù 서우쥐 몡 영수증, 인수증

- 餐具 cānjù 찬쥐 몡 식기, 식사 도구

- 碟子 diézi 디에쯔 몡 접시

- 筷子 kuàizi 콰이쯔 몡 젓가락

- 汤匙 tāngchí 탕츠 몡 (중국식) 국 숟가락

- 叉子 chāzi 차쯔 몡 포크

- 味道 wèidao 웨이따오 [명] 맛; 냄새

- 咸 xián 시엔 [형] 짜다

- 甜 tián 티엔 [형] 달다, 달콤하다

- 辣 là 라 [형] 맵다

- 酸 suān 쑤안 [형] 시다

- 苦 kǔ 쿠 [형] (맛이) 쓰다

- 清淡 qīngdàn 칭딴 [형] 담백하다

- 油腻 yóunì 여우니 [형] 느끼하다, 기름지다

- 腥 xīng 싱 [명] 비린내 [형] 비린내가 나다

- 腐败 fǔbài 푸빠이 [형] 부패하다

第十八单元 상점
商店 상띠엔

MP3. U18

- 商店 shāngdiàn 상띠엔 명 가게, 상점

- 铺子 pùzi 푸쯔 명 점포, 가게

- 逛街 guàngjiē 꾸앙지에 동 아이쇼핑하다

- 买 mǎi 마이 동 사다, 구입하다

- 购买 gòumǎi 꺼우마이 동 사다, 구매하다

- 市场 shìchǎng 스창 명 시장

- 跳蚤市场 tiàozǎo shìchǎng 탸오짜오 스창
  명 벼룩시장

- 购物中心 gòuwù zhōngxīn 꺼우우 중신
  명 대형 쇼핑센터

- □ 百货商店 bǎihuò shāngdiàn
  바이후어 샹띠엔 몡 백화점
  = 百货商场 bǎihuò shāngchǎng
  바이후어 샹창

- □ 超级市场 chāojí shìchǎng 차오지 스창
  몡 슈퍼마켓
  = 超市 chāoshì 차오스

- □ 杂货店 záhuòdiàn 짜후어띠엔 몡 잡화점

- □ 零售店 língshòudiàn 링서우띠엔 몡 소매상

- □ 小商店 xiǎoshāngdiàn 샤오샹띠엔 작은 가게

- □ 货物 huòwù 후어우 몡 상품, 물건

- □ 方便食品 fāngbiàn shípǐn 팡삐엔 스핀
  몡 인스턴트 식품

- □ 乳制品 rǔzhìpǐn 루즈핀 몡 유제품

- 冷藏产品 lěngcáng chǎnpǐn 렁창 찬핀
  냉장 제품

- 冷冻产品 lěngdòng chǎnpǐn 렁뚱 찬핀
  냉동 제품

- 保存期 bǎocúnqī 바오춘치 유통기한

- 农产品 nóngchǎnpǐn 눙찬핀 몡 농산물

- 海产品 hǎichǎnpǐn 하이찬핀 몡 수산물

- 工业产品 gōngyè chǎnpǐn 꿍이에 찬핀
  몡 공산품

- 电子产品 diànzǐ chǎnpǐn 띠엔쯔 찬핀
  몡 전자 제품
  = 电器 diànqì 띠엔치

- 库存 kùcún 쿠춘 몡 재고
  동 창고에 저장하다

- 缺货 quēhuò 취에후어 [동] 물건이 부족하다, 품절되다

- 卖光 màiguāng 마이꾸앙 [동] 매진되다

- 卖 mài 마이 [동] 팔다, 판매하다

- 销售 xiāoshòu 샤오서우 [명] 판매
  [동] 팔다, 판매하다

- 售货员 shòuhuòyuán 서우후어위엔
  [명] 점원, 판매원
  = 销售员 xiāoshòuyuán 샤오서우위엔

- 付钱 fùqián 푸치엔 [동] 지불하다
  = 支付 zhīfù 즈푸

- 信用卡 xìnyòngkǎ 신용카 [명] 신용카드

- 刷卡 shuākǎ 수아카 [동] 카드로 결제하다

- 钱 qián 치엔 [명] 돈; 값

- □ 现金 xiànjīn 시엔진 몡 현금

- □ 零钱 língqián 링치엔 몡 잔돈; 용돈

- □ 找钱 zhǎoqián 자오치엔 동 돈을 거슬러 주다

- □ 退款 tuìkuǎn 투이쿠안 몡 환불금
  동 환불하다

- □ 退货 tuìhuò 투이후어 동 반품하다

- □ 发票 fāpiào 파퍄오 몡 영수증

- □ 凭证 píngzhèng 핑정 몡 영수증, 증거 서류

- □ 账单 zhàngdān 장딴 몡 계산서, 명세서

- □ 货柜 huòguì 후어꾸이 몡 상품 진열장

- □ 收银台 shōuyíntái 서우인타이 몡 계산대

- □ 出纳员 chūnàyuán 추나위엔 몡 계산원

- 贵 guì 꾸이 [형] 비싸다
  = 昂贵 ángguì 앙꾸이

- 高价 gāojià 까오지아 [명] 고가, 비싼 값

- 便宜 piányi 피엔이 [형] 싸다
  = 低廉 dīlián 띠리엔

- 低价 dījià 띠지아 [명] 염가, 싼 값
  = 廉价 liánjià 리엔지아

- 节约 jiéyuē 지에위에 [형] 검소하다, 간소하다
  [동] 절약하다, 아끼다

- 打折 dǎzhé 다저 [동] 가격을 깎다, 할인하다

- 折扣 zhékòu 저커우 [명] 할인, 에누리

- 抛售 pāoshòu 파오서우 [동] 덤핑 판매하다, 염가로 처분하다

- 结业抛售 jiéyè pāoshòu 지에이에 파오서우 점포 정리 판매

- 义卖 yìmài 이마이 통 자선 바자회를 열다

- 质量 zhìliàng 즈리앙 명 품질

- 肉铺 ròupù 러우푸 명 정육점, 푸줏간

- 水产商店 shuǐchǎn shāngdiàn 수이찬 상띠엔 생선 가게
  = 鱼店 yúdiàn 위띠엔

- 水果店 shuǐguǒdiàn 수이구어띠엔 과일 가게

- 面包店 miànbāodiàn 미엔빠오띠엔 빵집

- 甜品店 tiánpǐndiàn 티엔핀띠엔 디저트 가게

- 冰淇淋店 bīngqílíndiàn 삥치린띠엔 아이스크림 가게

- □ 咖啡厅 kāfēitīng 카페이팅 몡 커피숍, 카페
  = 咖啡店 kāfēidiàn 카페이띠엔
  = 咖啡屋 kāfēiwū 카페이우

- □ 酒吧 jiǔbā 지우빠 몡 술집

- □ 药店 yàodiàn 야오띠엔 몡 약국

- □ 花店 huādiàn 후아띠엔 몡 꽃집

- □ 书店 shūdiàn 수띠엔 몡 서점

- □ 旅行社 lǚxíngshè 뤼싱서 몡 여행사

- □ 理发店 lǐfàdiàn 리파띠엔 몡 이발소

- □ 美发厅 měifàtīng 메이파팅 몡 미용실

- □ 发廊 fàláng 파랑 몡 이발소, 미용실

- □ 美容院 měiróngyuàn 메이룽위엔
  몡 피부관리숍

- 眼镜店 yǎnjìngdiàn 이엔징띠엔 몡 안경점

- 配副眼镜 pèifù yǎnjìng 페이푸 이엔징
안경을 맞추다

- 服装店 fúzhuāngdiàn 푸주앙띠엔 옷가게

- 衣架 yījià 이지아 몡 옷걸이, 옷장

- 试衣间 shìyījiān 스이지엔 몡 피팅룸, 탈의실

- 模特儿 mótèr 모터얼 몡 마네킹
= 人体模型 réntǐ móxíng 런티 모싱

- 镜子 jìngzi 징쯔 몡 거울

- 大小 dàxiǎo 따샤오 몡 사이즈, 크기
= 尺码 chǐmǎ 츠마

- 鞋店 xiédiàn 시에띠엔 신발 가게

- 珠宝店 zhūbǎodiàn 주바오띠엔 보석 가게

- 体育用品店 tǐyù yòngpǐndiàn
  티위 융핀띠엔 스포츠 용품점

- 文具店 wénjùdiàn 원쥐띠엔 문구점

- 房地产中间商
  fángdìchǎn zhōngjiānshāng 팡띠찬 중지엔상
  명 공인중개사
  = 房地产经纪人 fángdìchǎn jīngjìrén
  팡띠찬 징지런

- 化妆品店 huàzhuāngpǐndiàn 후아주앙핀띠엔
  화장품 가게

- 爽肤水 shuǎngfūshuǐ 수앙푸수이 스킨, 토너

- 润肤露 rùnfūlù 룬푸루 로션
  = 润肤液 rùnfūyè 룬푸이에

- 防晒霜 fángshàishuāng 팡사이수앙
  명 자외선 차단제, 썬크림

- 粉底霜 fěndǐshuāng 펀디수앙
  명 파운데이션(화장품)

- 香粉 xiāngfěn 시앙펀 명 파우더, 분

- 腮红 sāihóng 싸이훙 명 블러셔, 볼연지

- 睫毛膏 jiémáogāo 지에마오까오
  명 마스카라

- 眼线笔 yǎnxiànbǐ 이엔시엔비
  (펜슬) 아이라이너

- 眼线膏 yǎnxiàngāo 이엔시엔까오
  젤 아이라이너

- 眼线液 yǎnxiànyè 이엔시엔이에
  리퀴드 아이라이너

- 口红 kǒuhóng 커우훙 명 립스틱

- 指甲油 zhǐjiǎyóu 즈지아여우 명 매니큐어

- 洗衣店 xǐyīdiàn 시이띠엔 명 세탁소

- 干洗 gānxǐ 깐시 동 드라이클리닝하다

- 污渍 wūzì 우쯔 명 때, 얼룩

- 去污 qùwū 취우 얼룩 제거

- 补缀 bǔzhuì 부주이 동 옷을 수선하다

- 裁剪 cáijiǎn 차이지엔 동 자르다, 재단하다

- 针线活 zhēnxiànhuó 전시엔후어 명 바느질

- 熨 yùn 윈 동 다림질하다

- 熨斗 yùndǒu 윈더우 명 다리미

第十九单元 병원 & 은행
医院和银行 이위엔 허 인항

MP3. U19

- 医院 yīyuàn 이위엔 명 병원

- 诊所 zhěnsuǒ 전쑤어 명 의원, 진료소
  = 诊疗所 zhěnliáosuǒ 전랴오쑤어

- 病人 bìngrén 삥런 명 환자
  = 患者 huànzhě 후안저

- 医生 yīshēng 이성 명 의사
  = 大夫 dàifu 따이푸

- 护士 hùshi 후스 명 간호사

- 看病 kànbìng 칸삥 동 (의사가) 진찰하다; (의사에게) 진찰을 받다

- 病情 bìngqíng 삥칭 명 병세

- 症状 zhèngzhuàng 정주앙 명 증상

□ 痛 tòng 퉁 휑 아프다
  = 疼 téng 텅

□ 疼痛 téngtòng 텅퉁 동 아프다

□ 刺痛 cìtòng 츠퉁 명 찌르는 것 같은 아픔

□ 不舒服 bùshūfu 뿌수푸 휑 불편하다

□ 头疼 tóuténg 터우텅 명 두통
  동 머리가 아프다
  = 头痛 tóutòng 터우퉁

□ 牙疼 yáténg 야텅 명 치통 동 이가 아프다
  = 牙痛 yátòng 야퉁

□ 烧伤 shāoshāng 사오상 명 화상
  동 화상을 입다

□ 燎 liáo 랴오 동 화상을 입다, 데다

□ 窒息 zhìxī 즈시 동 질식하다, 질식시키다

- 昏迷 hūnmí 훈미 동 혼미하다, 의식불명이다

- 麻痹 mábì 마삐 동 마비되다

- 伤害 shānghài 상하이 동 다치게 하다

- 受伤 shòushāng 서우상 동 부상당하다

- 伤口 shāngkǒu 상커우 명 상처

- 损伤 sǔnshāng 쑨상 명 손상, 손해
  동 손해를 보다; 상처를 입다

- 瘢痕 bānhén 빤헌 명 흉터

- 挫伤 cuòshāng 추어상 명 타박상, 멍
  = 瘀伤 yūshāng 위상

- 青块 qīngkuài 칭콰이 시퍼런 멍

- 起青块 qǐ qīngkuài 치 칭콰이 멍이 들다

- 划伤 huáshāng 후아상 동 긁히다, 베이다

- 抓 zhuā 주아 동 할퀴다, 긁다
  - = 抓破 zhuāpò 주아포
  - = 剐 guǎ 구아

- 擦伤 cāshāng 차상 명 찰과상
  - 동 찰과상을 입다

- 擦破皮 cāpòpí 차포피 동 찰과상을 입다

- 扭伤 niǔshāng 니우상 명 삠, 염좌
  - 동 삐다, 접질리다

- 扭筋 niǔjīn 니우진 동 삐다, 접질리다

- 肿 zhǒng 중 동 붓다, 부어오르다

- 拐杖 guǎizhàng 과이장 명 목발; 지팡이

- 感冒 gǎnmào 간마오 명 감기
  - 동 감기에 걸리다

- 得感冒 dé gǎnmào 더 간마오 감기에 걸리다

☐ 流行性感冒 liúxíngxìng gǎnmào
리우싱싱 간마오 [명] 인플루엔자, 유행성 감기, 독감
= 流感 liúgǎn 리우간 (流行性感冒의 약칭)

☐ 咳嗽 késou 커써우 [동] 기침하다

☐ 流鼻涕 liú bítì 리우 비티 콧물이 나오다

☐ 发烧 fāshāo 파사오 [동] 열이 나다

☐ 高烧 gāoshāo 까오사오 [명] 고열

☐ 低烧 dīshāo 띠사오 [명] 미열

☐ 消化不良 xiāohuà bùliáng 샤오후아 뿌리앙
소화불량

☐ 胃 wèi 웨이 [명] 위(장)

☐ 阑尾炎 lánwěiyán 란웨이이엔 [명] 맹장염
= 盲肠炎 mángchángyán 망창이엔
(阑尾炎의 낮은말)

- 急性阑尾炎 jíxìng lánwěiyán
  지싱 란웨이이옌 급성 맹장염

- 血压 xuèyā 쉬에야 명 혈압

- 量血压 liáng xuèyā 리앙 쉬에야
  혈압을 재다

- 高血压 gāoxuèyā 까오쉬에야 명 고혈압

- 低血压 dīxuèyā 띠쉬에야 명 저혈압

- 遗传病 yíchuánbìng 이추안삥 명 유전병

- 恶心 ěxīn 어신 동 속이 메스껍다, 구역질이 나다

- 吐 tù 투 동 토하다
  = 呕吐 ǒutù 어우투

- 孕吐 yùntù 윈투 명 (임산부의) 입덧

- 便秘 biànmì 삐엔미 [명] 변비

- 拉肚子 lādùzi 라뚜쯔 [동] 설사하다
  = 闹肚子 nàodùzi 나오뚜쯔

- 腹泻 fùxiè 푸시에 [명] 설사
  = 水泻 shuǐxiè 수이시에

- 晕 yūn 윈 [형] 어지럽다 [동] 기절하다

- 头晕 tóuyūn 터우윈 [동] 현기증이 나다, 머리가 어지럽다

- 贫血 pínxuè 핀쉬에 [명] 빈혈

- 荨麻疹 qiánmázhěn 치엔마전 [명] 두드러기
  = 风疹块 fēngzhěnkuài 펑전콰이

- 疙瘩 gēda 꺼다 [명] 종기, 부스럼

- 咬 yǎo 야오 [동] 물다

□ 咬伤 yǎoshāng 야오상 물린 상처

□ 臼齿 jiùchǐ 지우츠 명 어금니
　= 磨牙 móyá 모야
　= 槽牙 cáoyá 차오야

□ 门牙 ményá 먼야 명 앞니
　= 大牙 dàyá 따야

□ 犬牙 quǎnyá 취엔야 명 송곳니

□ 智牙 zhìyá 즈야 명 사랑니

□ 虫牙 chóngyá 충야 명 충치
　= 龋齿 qǔchǐ 취츠

□ 牙龈 yáyín 야인 명 잇몸
　= 齿龈 chǐyín 츠인
　= 牙床 yáchuáng 야추앙

□ 洗牙 xǐyá 시야 명 스케일링, 치석 제거

- □ 住院 zhùyuàn 주위엔 동 입원하다
  = 入院 rùyuàn 루위엔

- □ 出院 chūyuàn 추위엔 동 퇴원하다

- □ 手术 shǒushù 서우수 명 수술

- □ 动手术 dòng shǒushù 뚱 서우수
  동 수술하다

- □ 麻醉 mázuì 마쭈이 동 마취하다

- □ 医疗保险 yīliáo bǎoxiǎn 이랴오 바오시엔
  의료보험
  = 医保 yībǎo 이바오

- □ 诊断书 zhěnduànshū 전뚜안수 명 진단서

- □ 药单 yàodān 야오딴 명 처방전
  = 药方 yàofāng 야오팡

- 开药方 kāi yàofāng 카이 야오팡
  처방전을 내다

- 药店 yàodiàn 야오띠엔 몡 약국

- 药 yào 야오 몡 약

- 消化剂 xiāohuàjì 샤오후아지 몡 소화제

- 止痛药 zhǐtòngyào 즈퉁야오 몡 진통제
  = 镇痛剂 zhèntòngjì 전퉁지

- 安眠药 ānmiányào 안미엔야오 몡 수면제

- 解热剂 jiěrèjì 지에러지 해열제
  = 退烧药 tuìshāoyào 투이샤오야오

- 副作用 fùzuòyòng 푸쭈어융 부작용

- 引起副作用 yǐnqǐ fùzuòyòng
  인치 푸쭈어융 부작용을 일으키다

- 软膏 ruǎngāo 루안까오 명 연고

- 膏药 gāoyào 까오야오 명 연고, 고약

- 清凉油 qīngliángyóu 칭리앙여우
  명 칭량유(연고의 일종)

- 绷带 bēngdài 뻥따이 명 붕대

- 创可贴 chuàngkětiē 추앙커티에 명 반창고

- 药布 yàobù 야오뿌 명 반창고, 가제

- 银行 yínháng 인항 명 은행

- 货币 huòbì 후어삐 명 화폐

- 金额 jīn'é 진어 명 금액

- 钱 qián 치엔 명 돈; 값

- 现金 xiànjīn 시엔진 명 현금

- 硬币 yìngbì 잉삐 명 동전

- 钞票 chāopiào 차오퍄오 명 지폐
  = 纸币 zhǐbì 즈삐

- 支票 zhīpiào 즈퍄오 명 수표

- 账户 zhànghù 장후 명 계좌

- 普通存款 pǔtōng cúnkuǎn 푸퉁 춘쿠안
  명 보통 예금

- 零存整取定期存款
  língcúnzhěngqǔ dìngqī cúnkuǎn
  링춘정취 띵치 춘쿠안 정기 적금

- 整存整取定期存款
  zhěngcúnzhěngqǔ dìngqī cúnkuǎn
  정춘정취 띵치 춘쿠안 정기 예금

- 存 cún 춘 동 저축하다
  = 储蓄 chǔxù 추쉬

- 存款 cúnkuǎn 춘쿠안 명 예금, 저금
  동 예금하다, 저금하다

- 提款 tíkuǎn 티쿠안 동 예금을 인출하다
  = 取款 qǔkuǎn 취쿠안

- 提款额度 tíkuǎn'édù 티쿠안어뚜 인출 한도

- 存项 cúnxiàng 춘시앙 명 잔고, 예금액

- 余额 yú'é 위어 명 (장부상의) 잔고, 잔금

- 汇款 huìkuǎn 후이쿠안 명 송금한 돈
  동 돈을 부치다

- 转账 zhuǎnzhàng 주안장 동 계좌 이체하다

- 自动转账 zìdòng zhuǎnzhàng 쯔뚱 주안장
  자동이체

- 外汇 wàihuì 와이후이 명 외화

- 人民币 rénmínbì 런민삐

  명 인민폐, 위안화(중국 화폐)

- 美元 měiyuán 메이위엔 명 달러(미국 화폐)

- 韩元 hányuán 한위엔 명 원화(한국 화폐)

  = 韩币 hánbì 한삐

- 日元 rìyuán 르위엔 명 엔화(일본 화폐)

  = 日币 rìbì 르삐

- 欧元 ōuyuán 어우위엔 명 유로화

- 汇率 huìlǜ 후이뤼 명 환율

  = 汇价 huìjià 후이지아

- 兑换 duìhuàn 뚜이후안 동 환전하다

  = 换钱 huànqián 후안치엔

- 换钱所 huànqiánsuǒ 후안치엔쑤어 환전소

- 利息 lìxī 리시 명 이자

- 利率 lìlǜ 리뤼 이율

- 贷款 dàikuǎn 따이쿠안 명 대출금
  동 (은행에서) 대출하다

- 股票 gǔpiào 구퍄오 명 주식
  = 股份 gǔfèn 구펀

- 证券 zhèngquàn 정취엔 명 증권

- 信用卡 xìnyòngkǎ 신융카 명 신용카드

- 现金卡 xiànjīnkǎ 시엔진카 직불카드

- 自动提款机 zìdòng tíkuǎnjī 쯔뚱 티쿠안지
  명 현금 자동 인출기(ATM)

- 网上银行 wǎngshàng yínháng 왕상 인항
  명 인터넷뱅킹
  = 网银 wǎngyín 왕인

- 电话银行 diànhuà yínháng 띠엔후아 인항
  몡 폰뱅킹

- 密码 mìmǎ 미마 몡 비밀번호

- 手续费 shǒuxùfèi 서우쉬페이 몡 수수료

第二十单元 교통
交通 쟈오퉁

MP3. U20

- 交通 jiāotōng 쟈오퉁 몡 교통

- 公共交通 gōnggòng jiāotōng 꿍꿍 쟈오퉁
  몡 대중 교통

- 飞机 fēijī 페이지 몡 비행기

- 航班 hángbān 항빤 몡 (배나 비행기의) 운항편, 운항 횟수

- 班机 bānjī 빤지 몡 정기 항공편

- 机场 jīchǎng 지창 몡 공항

- 票 piào 퍄오 몡 표, 승차권, 입장권

- 机票 jīpiào 지퍄오 몡 항공권

- 登机牌 dēngjīpái 떵지파이 몡 (비행기의) 탑승권
  = 登机卡 dēngjīkǎ 떵지카

- 航空公司 hángkōng gōngsī 항쿵 꿍쓰
  항공사

- 护照 hùzhào 후자오 명 여권

- 申请护照 shēnqǐng hùzhào 선칭 후자오
  여권을 신청하다

- 签发护照 qiānfā hùzhào 치엔파 후자오
  여권을 발급하다

- 续签护照 xùqiān hùzhào 쉬치엔 후자오
  여권을 갱신하다
  = 换发护照 huànfā hùzhào 후안파 후자오

- 签证 qiānzhèng 치엔정 명 비자

- 值机 zhíjī 즈지 (공항) 탑승 수속, 체크인

- 值机柜台 zhíjī guìtái 즈지 꾸이타이
  (공항) 탑승 수속 창구

- 航站楼 hángzhànlóu 항잔러우 터미널

- 登机 dēngjī 떵지 동 비행기에 탑승하다

- 登机口 dēngjīkǒu 떵지커우 탑승구

- 下飞机 xià fēijī 시아 페이지
  동 (비행기에서) 내리다
  = 下机 xiàjī 시아지

- 起飞 qǐfēi 치페이 동 (비행기가) 이륙하다

- 出发 chūfā 추파 동 출발하다, 떠나다

- 降落 jiàngluò 지앙루어 동 착륙하다
  = 着陆 zhuólù 주어루

- 到达 dàodá 따오다 동 도착하다

- 单程 dānchéng 딴청 명 편도

- 单程票 dānchéngpiào 딴청퍄오 편도표

- 往返 wǎngfǎn 왕판 [동] 왕복하다
  = 来回 láihuí 라이후이

- 往返票 wǎngfǎnpiào 왕판퍄오 왕복표
  = 来回票 láihuípiào 라이후이퍄오

- 直航 zhíháng 즈항 [동] (배나 비행기 등이) 직항하다
  = 直飞 zhífēi 즈페이

- 直达航班 zhídá hángbān 즈다 항빤
  (비행기의) 직항편

- 航线 hángxiàn 항시엔 [명] 항로

- 直达航线 zhídá hángxiàn 즈다 항시엔
  직항로

- 转机 zhuǎnjī 주안지 [동] 비행기를 갈아타다

- 经由 jīngyóu 징여우 [개] (어떤 곳을) 경유하다

- 经过 jīngguò 징꾸어 [동] 경유하다

- □ 途径 tújìng 투징 몡 경로

- □ 座位 zuòwèi 쭈어웨이 몡 좌석
  = 位子 wèizi 웨이쯔

- □ 靠窗的座位 kàochuāng de zuòwèi
  카오추앙 더 쭈어웨이 창가석

- □ 靠过道的座位 kàoguòdào de zuòwèi
  카오꾸어따오 더 쭈어웨이 통로석

- □ 经济舱 jīngjìcāng 징지창 일반석
  = 普通舱 pǔtōngcāng 푸퉁창

- □ 商务舱 shāngwùcāng 상우창 비즈니스석

- □ 头等舱 tóuděngcāng 터우덩창 일등석

- □ 行李 xíngli 싱리 몡 짐, 여행짐, 수화물

- □ 随身行李 suíshēn xíngli 쑤이선 싱리
  휴대용 짐

- 托运行李 tuōyùn xíngli 투어윈 싱리
  짐을 맡기다

- 行李票 xínglipiào 싱리퍄오 수화물 보관증

- 行李包 xínglibāo 싱리빠오 여행 가방
  = 行包 xíngbāo 싱빠오

- 行李箱 xínglixiāng 싱리시앙 트렁크,
  여행용 가방

- 提箱 tíxiāng 티시앙 명 (손잡이가 달린) 소형 가방

- 卸货 xièhuò 시에후어
  동 (배·차·비행기 등에서) 짐을 내리다

- 检查 jiǎnchá 지엔차 동 조사하다, 확인하다

- 机场安检 jīchǎng ānjiǎn 지창 안지엔
  공항 보안 검색

- 边防检查 biānfáng jiǎnchá 삐엔팡 지엔차
  출입국 심사

□ 出境 chūjìng 추징 동 출국하다

□ 出境卡 chūjìngkǎ 추징카 출국 신고서
= 出境登记卡 chūjìng dēngjìkǎ
추징 떵지카

□ 入境 rùjìng 루징 동 입국하다

□ 入境卡 rùjìngkǎ 루징카 입국 신고서
= 入境登记卡 rùjìng dēngjìkǎ 루징 떵지카

□ 海关 hǎiguān 하이꾸안 명 세관

□ 海关检查 hǎiguān jiǎnchá 하이꾸안 지엔차
세관 검사

□ 海关申报单 hǎiguān shēnbàodān
하이꾸안 선빠오딴 세관 신고서

□ 在机内 zài jīnèi 짜이 지네이 기내에서
= 在机上 zài jīshàng 짜이 지상

- 飞行员 fēixíngyuán 페이싱위엔 몡 조종사, 파일럿

- 乘务员 chéngwùyuán 청우위엔 몡 승무원

- 空乘 kōngchéng 쿵청 항공 승무원
  = 空乘人员 kōngchéng rényuán 쿵청 런위엔

- 空哥 kōnggē 쿵꺼 몡 스튜어드(남자 승무원)

- 空中小姐 kōngzhōng xiǎojiě 쿵중 샤오지에
  몡 스튜어디스
  = 空姐 kōngjiě 쿵지에

- 空嫂 kōngsǎo 쿵싸오 몡 스튜어디스(기혼)

- 飞机餐 fēijīcān 페이지찬 기내식

- 安全带 ānquándài 안취엔따이 몡 안전벨트

- 救生衣 jiùshēngyī 지우성이 몡 구명조끼

- 安全门 ānquánmén 안취엔먼 명 비상구
  = 太平门 tàipíngmén 타이핑먼

- 免税店 miǎnshuìdiàn 미엔수이띠엔
  명 면세점

- 火车 huǒchē 후어처 명 기차, 열차
  = 列车 lièchē 리에처

- 火车站 huǒchēzhàn 후어처잔 명 기차역

- 月台 yuètái 위에타이 명 승강장, 플랫폼
  = 站台 zhàntái 잔타이

- 售票处 shòupiàochù 서우퍄오추 매표소

- 火车票价 huǒchē piàojià 후어처 퍄오지아
  기차 요금

- 检票口 jiǎnpiàokǒu 지엔퍄오커우 명 개찰구

- 铁路 tiělù 티에루 명 철도

- 舱 cāng 창 몡 객실, 선실

- 车厢 chēxiāng 처시앙 몡 객실, 화물칸

- 行李车厢 xíngli chēxiāng 싱리 처시앙 (열차의) 화물칸

- 卧铺车厢 wòpù chēxiāng 워푸 처시앙 침대칸

- 餐车 cānchē 찬처 몡 식당칸

- 硬卧 yìngwò 잉워 몡 일반 침대석; 딱딱한 침대석

- 软卧 ruǎnwò 루안워 몡 상등 침대석; 푹신한 침대석

- 上铺 shàngpù 상푸 몡 (다층 침대의) 상층

- 中铺 zhōngpù 중푸 몡 (다층 침대의) 중층

- 下铺 xiàpù 시아푸 몡 (다층 침대의) 하층

- 硬座 yìngzuò 잉쭈어 몡 일반석; 딱딱한 좌석

- 软座 ruǎnzuò 루안쭈어 몡 상등석;
  푹신한 좌석

- 车长 chēzhǎng 처장 몡 (열차의) 차장

- 列车员 lièchēyuán 리에처위엔
  몡 열차 승무원, 차장

- 火车票 huǒchēpiào 후어처퍄오 기차표

- 换车 huànchē 후안처 동 (차를) 갈아타다,
  환승하다
  = 换乘 huànchéng 후안청
  = 转乘 zhuǎnchéng 주안청

- 换乘站 huànchéngzhàn 후안청잔 환승역

- 火车时刻表 huǒchē shíkèbiǎo
  후어처 스커뱌오 몡 운행 시간표

☐ 目的地 mùdìdì 무띠띠 [명] 목적지

☐ 特快 tèkuài 터콰이 [명] 급행 열차
 = 特快列车 tèkuài lièchē 터콰이 리에처

☐ 直快 zhíkuài 즈콰이 [명] 직통급행열차
 = 直达快车 zhídá kuàichē 즈다 콰이처

☐ 普快 pǔkuài 푸콰이 [명] 준급행열차
 = 普通快车 pǔtōng kuàichē 푸퉁 콰이처

☐ 动车 dòngchē 뚱처 고속열차

☐ 慢车 mànchē 만처 [명] 완행 열차

☐ 磁浮列车 cífú lièchē 츠푸 리에처
 자기부상열차
 = 磁悬浮列车 cíxuánfú lièchē
  츠쉬엔푸 리에처

☐ 地铁 dìtiě 띠티에 [명] 지하철

- 捷运 jiéyùn 지에윈 대만(臺灣)의 지하철(MRT)

- 地铁站 dìtiězhàn 띠티에잔 지하철역

- 地铁换乘站 dìtiě huànchéngzhàn
  띠티에 후안청잔 지하철 환승역

- 地铁图 dìtiětú 띠티에투 지하철 노선도

- 路线 lùxiàn 루시엔 명 노선

- 公交车 gōngjiāochē 꿍쟈오처 명 버스
  = 公车 gōngchē 꿍처
  = 公共汽车 gōnggòng qìchē 꿍꿍 치처
  = 巴士 bāshì 빠스

- 双层公交车 shuāngcéng gōngjiāochē
  수앙청 꿍쟈오처 이층버스
  = 双层巴士 shuāngcéng bāshì 쑤앙청 빠스

- 高速大客 gāosù dàkè 까오쑤 따커 고속버스
  = 高速大巴 gāosù dàbā 까오쑤 따빠

- ☐ **公交车专用车道**
  gōngjiāochē zhuānyòng chēdào
  꿍쟈오처 주안용 처따오 명 버스 전용 차선

- ☐ **车道** chēdào 처따오 명 차도, 찻길

- ☐ **快速车道** kuàisù chēdào 콰이쑤 처따오
  고속 주행 차선

- ☐ **慢速车道** mànsù chēdào 만쑤 처따오
  저속 주행 차선

- ☐ **变更车道** biàngēng chēdào 삐엔껑 처따오
  차선을 변경하다

- ☐ **公交车站** gōngjiāochēzhàn 꿍쟈오처잔
  버스 정류장
  = **公共汽车站** gōnggòng qìchēzhàn
  꿍꿍 치처잔

- ☐ **汽车站** qìchēzhàn 치처잔 정류장, 터미널
  = **车站** chēzhàn 처잔

- 出租车 chūzūchē 추쭈처 [명] 택시
  - = 出租汽车 chūzū qìchē 추쭈 치처
  - = 计程车 jìchéngchē 지청처
  - = 的士 dīshì 띠스

- 电车 diànchē 띠엔처 [명] 전차

- 有轨电车 yǒuguǐ diànchē 여우꾸이 띠엔처
  유궤도 전차

- 无轨电车 wúguǐ diànchē 우꾸이 띠엔처
  무궤도 전차

- 山顶缆车 shāndǐng lǎnchē 산딩 란처
  피크트램

- 自行车 zìxíngchē 쯔싱처 [명] 자전거

- 自行车道 zìxíngchēdào 쯔싱처따오
  자전거 도로

- 摩托车 mótuōchē 모투어처 명 오토바이

- 头盔 tóukuī 터우쿠이 명 헬멧

- 船 chuán 추안 명 배, 선박

- 港口 gǎngkǒu 강커우 명 항구

- 停靠港 tíngkàogǎng 팅카오강 명 기항지
  = 中途港 zhōngtúgǎng 중투강

- 晕船 yūnchuán 윈추안 동 뱃멀미하다

- 晕船药 yūnchuányào 윈추안야오
  명 뱃멀미약

第二十一单元 운전
开车 카이처

MP3. U21

- 开车 kāichē 카이처 동 (자동차를) 운전하다

- 驾驶 jiàshǐ 지아스
  동 (자동차, 선박, 비행기 등을) 운전하다, 조종하다

- 上车 shàngchē 상처 동 (차에) 타다

- 下车 xiàchē 시아처 동 (차에서) 내리다

- 司机 sījī 쓰지 명 운전사, 기관사

- 驾照 jiàzhào 지아자오 운전 면허증

- 驾照考试 jiàzhào kǎoshì 지아자오 카오스
  운전 면허 시험

- 车辆 chēliàng 처리앙 명 차량

- 汽车 qìchē 치처 명 자동차

- □ 车子 chēzi 처쯔 [명] 차, 승용차

- □ 轿车 jiàochē 쟈오처 [명] 승용차, 세단

- □ 卡车 kǎchē 카처 [명] 트럭

- □ 敞篷车 chǎngpéngchē 창펑처 [명] 오픈카

- □ 汽车租赁 qìchē zūlìn 치처 쭈린 [명] 렌터카

- □ 方向盘 fāngxiàngpán 팡시앙판
  [명] (자동차의) 핸들

- □ 舵轮 duòlún 뚜어룬 [명] (선박의) 조타륜
  = 舵盘 duòpán 뚜어판

- □ 车把 chēbǎ 처바 (자전거의) 핸들, 손잡이

- □ 挂挡 guàdǎng 꾸아당 [동] 변속 기어를 넣다

- □ 挡位 dǎngwèi 당웨이 기어

- □ 手动挡 shǒudòngdǎng 서우뚱당
  - 몡 수동 변속 장치

- □ 自动挡 zìdòngdǎng 쯔뚱당
  - 몡 자동 변속 장치, 오토매틱
  - = 自动波 zìdòngbō 쯔뚱뽀

- □ 引擎 yǐnqíng 인칭 몡 엔진

- □ 安全带 ānquándài 안취엔따이 몡 안전벨트

- □ 油门 yóumén 여우먼 몡 액셀러레이터

- □ 踩油门 cǎi yóumén 차이 여우먼
  - 액셀러레이터를 밟다

- □ 移离油门 yílí yóumén 이리 여우먼
  - 액셀러레이터에서 발을 떼다

- □ 离合器 líhéqì 리허치 몡 클러치

- □ 离合器踏板 líhéqì tàbǎn 리허치 타반
  [명] 클러치 페달

- □ 车闸 chēzhá 처자 [명] (자전거, 전동차의) 브레이크

- □ 刹车 shāchē 사처 [동] (자동차의) 제동을 걸다, 차를 세우다
  = 制动 zhìdòng 즈똥
  = 杀闸 shāzhá 사자

- □ 猛踩刹车 měngcǎi shāchē 멍차이 사처
  급브레이크를 밟다

- □ 刹把 shābǎ 사바 [명] 핸드 브레이크
  = 手刹车 shǒushāchē 서우사처
  = 手闸 shǒuzhá 서우자

- □ 后备箱 hòubèixiāng 허우뻬이시앙
  (자동차 후부의) 트렁크

- 汽车前盖 qìchē qiángài 치처 치엔까이
자동차의 보닛
　= 引擎盖 yǐnqínggài 인칭까이

- 保险杠 bǎoxiǎngàng 바오시엔깡 <u>명</u> 범퍼

- 前灯 qiándēng 치엔떵 <u>명</u> 헤드라이트,
전조등
　= 汽车前照灯 qìchē qiánzhàodēng
　　치처 치엔자오떵
　= 汽车大灯 qìchē dàdēng 치처 따떵

- 转向灯 zhuǎnxiàngdēng 주안시앙떵
방향지시등

- 刹车灯 shāchēdēng 사처떵 브레이크등

- 紧急灯 jǐnjídēng 진지떵 비상등
　= 危险报警闪光灯
　　wēixiǎn bàojǐng shǎnguāngdēng
　　웨이시엔 빠오징 산꾸앙떵
　= 双蹦 shuāngbèng 수앙뻥

- 开紧急灯 kāi jǐnjídēng 카이 진지떵
  비상등을 켜다

- 汽车喇叭 qìchē lǎbā 치처 라빠 경적

- 后视镜 hòushìjìng 허우스징 룸미러

- 侧视镜 cèshìjìng 처스징 사이드 미러

- 刮雨器 guāyǔqì 꾸아위치 와이퍼
  = 刮水器 guāshuǐqì 꾸아수이치

- 牌照 páizhào 파이자오 명 (자동차의) 번호판
  = 车牌 chēpái 처파이

- 车轮 chēlún 처룬 명 차바퀴

- 车瓦 chēwǎ 처와 명 타이어 휠

- 轮胎 lúntāi 룬타이 명 타이어(고무 부분)
  = 车胎 chētāi 처타이

- 雪地胎 xuědìtāi 쉬에띠타이
  명 스노우 타이어

- 备用轮胎 bèiyòng lúntāi 뻬이용 룬타이
  스페어 타이어

- 车轮胎放炮 chēlúntāi fàngpào
  처룬타이 팡파오 (타이어가) 펑크가 나다

- 充气 chōngqì 충치
  동 (공이나 타이어에) 바람을 넣다
  = 打气 dǎqì 다치

- 交通法规 jiāotōng fǎguī 쟈오퉁 파꾸이
  명 교통 법규

- 标志 biāozhì 뺘오즈 명 표지 동 명시하다

- 交通标志 jiāotōng biāozhì 쟈오퉁 뺘오즈
  교통 표지
  = 道路标志 dàolù biāozhì 따오루 뺘오즈

- 违反 wéifǎn 웨이판 图 위반하다, 어기다

- 违反停车规定 wéifǎn tíngchē guīdìng
  웨이판 팅처 꾸이띵 주차 위반
  = 违章停车 wéizhāng tíngchē 웨이장 팅처

- 罚款 fákuǎn 파쿠안 명 벌금, 위약금
  동 벌금을 부과하다

- 罚金 fájīn 파진 명 벌금, 위약금

- 酒驾 jiǔjià 지우지아 음주 운전
  = 酒后驾驶 jiǔhòu jiàshǐ 지우허우 지아스
  = 酒后开车 jiǔhòu kāichē 지우허우 카이처

- 饮酒测试仪 yǐnjiǔ cèshìyí 인지우 처스이
  음주측정기
  = 酒精检测仪 jiǔjīng jiǎncèyí
  지우징 지엔처이

- 单行 dānxíng 딴싱 동 일방 통행하다

- 红绿灯 hónglǜdēng 훙뤼떵 ⑱ 교통 신호등

- 红灯 hóngdēng 훙떵 ⑱ 빨간불

- 闯红灯 chuǎng hóngdēng 추앙 훙떵 ⑧ 신호를 위반하다

- 绿灯 lǜdēng 뤼떵 ⑱ 파란불

- 速度 sùdù 쑤뚜 ⑱ 속도

- 规定时速 guīdìng shísù 꾸이띵 스쑤 규정 속도

- 超速 chāosù 차오쑤 ⑧ 과속하다

- 速度违反 sùdù wéifǎn 쑤뚜 웨이판 속도 위반

- 快 kuài 콰이 ⑲ 빠르다 ⑷ 빨리, 급히

- 赶紧 gǎnjǐn 간진 ⑷ 서둘러, 재빨리

- □ 抓紧 zhuājǐn 주아진 동 서둘러 하다, 급히 하다

- □ 抓紧时间 zhuājǐn shíjiān 주아진 스지엔 서두르다

- □ 慢 màn 만 형 느리다

- □ 慢慢 mànmàn 만만 형 천천히, 느릿느릿

- □ 堵车 dǔchē 두처 동 교통이 체증되다
  = 塞车 sāichē 싸이처

- □ 行人 xíngrén 싱런 명 보행자, 행인

- □ 人行横道 rénxíng héngdào 런싱 헝따오
  명 횡단보도
  = 斑马线 bānmǎxiàn 빤마시엔

- □ 横穿马路 héngchuān mǎlù 헝추안 마루
  (보행자가) 무단으로 횡단하다

- 平交道 píngjiāodào 핑쟈오따오 철도 건널목
 = 铁路平交道 tiělù píngjiāodào
 티에루 핑쟈오따오

- 加油 jiāyóu 지아여우 동 (차에) 주유하다

- 汽油 qìyóu 치여우 명 휘발유, 가솔린

- 无铅汽油 wúqiān qìyóu 우치엔 치여우
 명 무연 휘발유

- 柴油 cháiyóu 차이여우 명 디젤유

- 天然气 tiānránqì 티엔란치 명 천연가스

- 加油站 jiāyóuzhàn 지아여우잔 명 주유소

- 自主加油站 zìzhǔ jiāyóuzhàn
 쯔주 지아여우잔 셀프주유소

- 升 shēng 성 양 리터 (용량의 단위)
 = 公升 gōngshēng 꿍성

- 量 liàng 리앙 [명] 양

- 停 tíng 팅 [동] 멈추다, 정지하다
  = 停止 tíngzhǐ 팅즈

- 停车 tíngchē 팅처 [동] 차량을 주차하다

- 蹭停族 cèngtíngzú 청팅쭈
  [신] (주차비를 아끼기 위해 학교 캠퍼스 등의)
  무료 주차장에 주차하는 사람들

- 禁止停车 jìnzhǐ tíngchē 진즈 팅처
  주차 금지

- 停车场 tíngchēchǎng 팅처창 [명] 주차장

- 免费停车场 miǎnfèi tíngchēchǎng
  미엔페이 팅처창 무료 주차장

- 收费停车场 shōufèi tíngchēchǎng
  서우페이 팅처창 유료 주차장

- 洗车 xǐchē 시처 [동] 세차하다

- 洗车场 xǐchēchǎng 시처창 [명] 세차장

- 掉头 diàotóu 땨오터우 [동] 방향을 바꾸다, 유턴하다

- 左转 zuǒzhuǎn 쭈어주안 [동] 좌회전하다
  = 往左拐 wǎng zuǒ guǎi 왕 쭈어 과이

- 右转 yòuzhuǎn 여우주안 [동] 우회전하다
  = 往右拐 wǎng yòu guǎi 왕 여우 과이

- 路 lù 루 [명] 길, 도로

- 道 dào 따오 [명] 길, 도로

- 街 jiē 지에 [명] 거리, 대로

- 道路 dàolù 따오루 [명] 도로

- 高速公路 gāosù gōnglù 까오쑤 꿍루 [명] 고속도로

- □ 车道 chēdào 처따오 몡 차도, 찻길

- □ 双黄线 shuānghuángxiàn 수앙후앙시엔
  몡 중앙선

- □ 交叉路口 jiāochā lùkǒu 쟈오차 루커우
  몡 (주요 도로와의) 교차점
  = 交叉口 jiāochākǒu 쟈오차커우

- □ 人行道 rénxíngdào 런싱따오 몡 인도, 보도

- □ 路肩 lùjiān 루지엔 몡 갓길

- □ 隧道 suìdào 쑤이따오 몡 터널

第二十二单元 숙박
住宿 주쑤

MP3. U22

- 住 zhù 주 동 살다; 숙박하다, 묵다
  = 住宿 zhùsù 주쑤

- 住处 zhùchù 주추 명 거처

- 住宅 zhùzhái 주자이 명 (규모가 비교적 큰) 주택

- 宿舍 sùshě 쑤서 명 기숙사
  = 宿舍楼 sùshělóu 쑤서러우

- 旅馆 lǚguǎn 뤼구안 명 숙박 시설

- 酒店 jiǔdiàn 지우띠엔 명 호텔
  = 饭店 fàndiàn 판띠엔

- 宾馆 bīnguǎn 삔구안
  명 (비교적 규모가 크고 좋은) 호텔

- □ 青年旅社 qīngnián lǚshè 칭니엔 뤼서
  유스호스텔
  = 青年旅舍 qīngnián lǚshě 칭니엔 뤼서

- □ 招待所 zhāodàisuǒ 자오따이쑤어
  명 게스트하우스, 도미토리

- □ 民宿 mínsù 민쑤 민박(B&B)

- □ 前台 qiántái 치엔타이 명 (호텔의) 프런트

- □ 大厅 dàtīng 따팅 명 (호텔이나 식당의) 로비

- □ 入住 rùzhù 루주 동 (호텔 등에서) 숙박하다, 체크인하다

- □ 入住时间 rùzhù shíjiān 루주 스지엔
  체크인 시간

- □ 退房 tuìfáng 투이팡 동 체크아웃하다

- ☐ 退房时间 tuìfáng shíjiān 투이팡 스지엔
  체크아웃 시간

- ☐ 客房 kèfáng 커팡 명 객실

- ☐ 单人间 dānrénjiān 딴런지엔 명 싱글룸
  = 单间 dānjiān 딴지엔
  = 单人房 dānrénfáng 딴런팡
  = 单人房间 dānrén fángjiān 딴런 팡지엔

- ☐ 双人间 shuāngrénjiān 수앙런지엔
  명 더블룸
  = 双人房间 shuāngrén fángjiān
  수앙런 팡지엔

- ☐ 标准间 biāozhǔnjiān 뺘오준지엔 명 트윈룸
  = 标间 biāojiān 뺘오지엔

- ☐ 套间 tàojiān 타오지엔 명 스위트룸
  = 套房 tàofáng 타오팡
  = 豪华间 háohuájiān 하오후아지엔

- 客房服务 kèfáng fúwù 커팡 푸우
  객실 서비스

- 客房送餐服务 kèfáng sòngcān fúwù
  커팡 쑹찬 푸우 룸서비스

- 客房服务员 kèfáng fúwùyuán
  커팡 푸우위엔 객실 직원

- 迎宾先生 yíngbīn xiānsheng 잉삔 시엔성
  도어맨

- 酒店侍者 jiǔdiàn shìzhě 지우띠엔 스저
  벨보이
  = 门童 méntóng 먼퉁

- 暖气 nuǎnqì 누안치 명 라디에이터

- 空调 kōngtiáo 쿵탸오 명 에어컨
  = 冷气 lěngqì 렁치

- 洗手间 xǐshǒujiān 시서우지엔 명 화장실
  = 卫生间 wèishēngjiān 웨이성지엔

- 洗衣房 xǐyīfáng 시이팡 명 세탁실

- 迷你吧 mínǐba 미니바 미니바

- 餐厅 cāntīng 찬팅 명 음식점, 레스토랑

- 早餐券 zǎocānquàn 짜오찬취엔 조식 쿠폰

- 无线互联网 wúxiàn hùliánwǎng
  우시엔 후리엔왕 무선 인터넷
  = 无线网络 wúxiàn wǎngluò 우시엔 왕루어

- 阳台 yángtái 양타이 명 발코니, 베란다
  = 凉台 liángtái 리앙타이

- 眺望 tiàowàng 탸오왕 동 조망하다,
  높은 곳에서 멀리 바라보다

- 沙滩伞 shātānsǎn 사탄싼 비치파라솔

- 游泳池 yóuyǒngchí 여우융츠 몡 수영장
  = 泳池 yǒngchí 융츠

- 住宿费 zhùsùfèi 주쑤페이 숙박료
  = 宿费 sùfèi 쑤페이

- 付钱 fùqián 푸치엔 동 지불하다
  = 支付 zhīfù 즈푸

- 收费 shōufèi 서우페이 몡 요금, 비용
  동 비용을 받다

- 费用 fèiyòng 페이용 몡 비용, 지출

- 价格 jiàgé 지아거 몡 가격, 값

- 价值 jiàzhí 지아즈 몡 값, 값어치; 가치

- 总额 zǒng'é 쭝어 몡 총액

- 附加 fùjiā 푸지아 형 부가의, 별도의
  동 부가하다

□ 追加 zhuījiā 주이지아 [동] 추가하다

□ 追加费用 zhuījiā fèiyòng 주이지아 페이용
추가 비용

□ 税金 shuìjīn 수이진 [명] 세금
= 税款 shuìkuǎn 수이쿠안

□ 免税 miǎnshuì 미엔수이 [동] 면세하다, 면세되다

□ 预订 yùdìng 위띵 [동] 예약하다
= 预约 yùyuē 위위에
= 订 dìng 띵

□ 取消 qǔxiāo 취샤오 [동] 취소하다

□ 满 mǎn 만 [형] 가득 차다

□ 钥匙 yàoshi 야오스 [명] 열쇠

□ 房卡 fángkǎ 팡카 객실 카드키

- 床上用品 chuángshàng yòngpǐn
추앙상 융핀 몡 침구

- 床单 chuángdān 추앙딴 몡 침대 시트, 침대보
  = 褥单 rùdān 루딴
  = 被单 bèidān 뻬이딴

- 毯子 tǎnzi 탄쯔 몡 담요

- 枕头 zhěntou 전터우 몡 베개

- 毛巾 máojīn 마오진 몡 수건

- 洗发露 xǐfàlù 시파루 몡 샴푸
  = 洗发精 xǐfàjīng 시파징
  = 香波 xiāngbō 시앙뽀

- 护发素 hùfàsù 후파쑤 몡 린스
  = 润发乳 rùnfàrǔ 룬파루

- 肥皂 féizào 페이짜오 몡 비누

- □ 沐浴皂 mùyùzào 무위짜오 바디비누
  = 润肤皂 rùnfūzào 룬푸짜오

- □ 沐浴露 mùyùlù 무위루 바디샴푸

- □ 浴帽 yùmào 위마오 명 샤워캡

- □ 牙刷 yáshuā 야수아 명 칫솔

- □ 牙膏 yágāo 야까오 명 치약

- □ 梳子 shūzi 수쯔 명 빗

- □ 梳头 shūtóu 수터우 통 머리를 빗다

- □ 吹风机 chuīfēngjī 추이펑지
  명 헤어 드라이어

- □ 刮胡刀 guāhúdāo 꾸아후따오 명 면도기
  = 剃须刀 tìxūdāo 티쉬따오

- □ 刮胡子 guā húzi 꾸아 후쯔 통 면도하다
  = 刮脸 guāliǎn 꾸아리엔

- 熨斗 yùndǒu 윈더우 명 다리미

- 手纸 shǒuzhǐ 서우즈 명 (화장실용) 휴지
  = 卫生纸 wèishēngzhǐ 웨이성즈

- 干净 gānjìng 깐징 형 깨끗하다, 청결하다
  = 清洁 qīngjié 칭지에

- 卫生 wèishēng 웨이성 명 위생
  형 깨끗하다, 위생적이다

- 脏 zāng 짱 형 더럽다, 불결하다
  = 肮脏 āngzāng 앙짱

- 舒服 shūfu 수푸 형 편안하다, 쾌적하다
  = 舒适 shūshì 수스

- 不舒服 bùshūfu 뿌수푸 형 불편하다

- 抱怨 bàoyuàn 빠오위엔 동 불평하다, 원망하다

第二十三单元 관광
旅游 뤼여우

MP3. U23

- 旅游 lǚyóu 뤼여우 명 여행
  동 여행하다, 관광하다

- 旅行 lǚxíng 뤼싱 동 여행하다

- 游览 yóulǎn 여우란
  동 (경치 좋은 곳이나 명승지를) 유람하다

- 周游 zhōuyóu 저우여우 동 두루 돌아다니다

- 观光 guānguāng 꾸안꾸앙 동 관광하다

- 观看 guānkàn 꾸안칸 동 관람하다

- 游客 yóukè 여우커 명 여행객, 관광객

- 客人 kèrén 커런 명 손님, 방문객

- 旅行家 lǚxíngjiā 뤼싱지아 [명] 여행가
  (여행을 직업으로 하는 사람)

- 旅行社 lǚxíngshè 뤼싱서 [명] 여행사

- 旅行团 lǚxíngtuán 뤼싱투안 [명] 여행단

- 个人 gèrén 꺼런 [명] 개인

- 团体 tuántǐ 투안티 [명] 단체

- 地图 dìtú 띠투 [명] 지도

- 信息 xìnxī 신시 [명] 정보

- 旅游咨询处 lǚyóu zīxúnchù 뤼여우 쯔쉰추
  관광 안내소
  = 旅游信息办公室 lǚyóu xìnxī bàngōngshì 뤼여우 신시 빤꿍스

- 导游 dǎoyóu 다오여우 [명] 관광 안내인, 가이드
  [동] (관광객을) 안내하다

- □ 旅途 lǚtú 뤼투 명 여정
  - = 旅程 lǚchéng 뤼청
  - = 路途 lùtú 루투

- □ 风景 fēngjǐng 펑징 명 풍경, 경치
  - = 风光 fēngguāng 펑꾸앙
  - = 景色 jǐngsè 징써

- □ 景点 jǐngdiǎn 징디엔 명 명승지, 경치가 좋은 곳

- □ 纪念碑 jìniànbēi 지니엔뻬이 명 기념비

- □ 纪念馆 jìniànguǎn 지니엔구안 명 기념관

- □ 大楼 dàlóu 따러우 명 빌딩, 고층 건물
  - = 大厦 dàshà 따사
  - = 高楼 gāolóu 까오러우

- □ 楼群 lóuqún 러우췬 명 빌딩숲

□ 摩天大楼 mótiān dàlóu 모티엔 따러우
초고층 빌딩, 마천루
= 超高层大楼 chāo gāocéng dàlóu
   차오 까오청 따러우
= 摩天大厦 mótiān dàshà 모티엔 따사
= 摩天楼 mótiānlóu 모티엔러우

□ 塔 tǎ 타 [명] 탑, 탑 모양의 건축물

□ 城堡 chéngbǎo 청바오 [명] 작은 성

□ 展览 zhǎnlǎn 잔란 [동] 전람하다

□ 展览会 zhǎnlǎnhuì 잔란후이 [명] 전람회

□ 展览品 zhǎnlǎnpǐn 잔란핀 [명] 전시품

□ 作品 zuòpǐn 쭈어핀 [명] 작품

□ 开放时间 kāifàng shíjiān 카이팡 스지엔
문 여는 시간

- ☐ 关闭时间 guānbì shíjiān 꾸안삐 스지엔
  문 닫는 시간

- ☐ 博物馆 bówùguǎn 보우구안 명 박물관

- ☐ 美术馆 měishùguǎn 메이수구안 미술관

- ☐ 画廊 huàláng 후아랑
  명 화랑(그림이나 사진 등의 전시 공간)

- ☐ 科学馆 kēxuéguǎn 커쉬에구안 과학관

- ☐ 电影院 diànyǐngyuàn 띠엔잉위엔 명 영화관

- ☐ 剧院 jùyuàn 쥐위엔 명 극장

- ☐ 寺庙 sìmiào 쓰먀오 명 절, 사원

- ☐ 寺 sì 쓰 명 절

- ☐ 庙 miào 먀오 명 사원, 사당

- ☐ 孔子庙 Kǒngzǐmiào 쿵쯔먀오 명 공자묘

- 武庙 Wǔmiào 우먀오 몡 관제묘

- 大教堂 dàjiàotáng 따쟈오탕 몡 대성당

- 宫殿 gōngdiàn 꿍띠엔 몡 궁전
  = 皇宫 huánggōng 후앙꿍

- 王 wáng 왕 몡 왕, 임금

- 国王 guówáng 구어왕 몡 국왕

- 皇帝 huángdì 후앙띠 몡 황제

- 皇上 huángshàng 후앙상
  몡 황상(황제를 부르는 호칭)

- 女王 nǚwáng 뉘왕 몡 여왕

- 皇后 huánghòu 후앙허우 몡 황후
  = 王后 wánghòu 왕허우

- 王妃 wángfēi 왕페이 몡 왕비

- 王子 wángzǐ 왕쯔 [명] 왕자

- 公主 gōngzhǔ 꿍주 [명] 공주

- 广场 guǎngchǎng 구앙창 [명] 광장

- 公园 gōngyuán 꿍위엔 [명] 공원

- 动物园 dòngwùyuán 뚱우위엔 [명] 동물원

- 植物园 zhíwùyuán 즈우위엔 [명] 식물원

- 游乐场 yóulèchǎng 여우러창 놀이공원
  = 游乐园 yóulèyuán 여우러위엔

- 受欢迎 shòu huānyíng 서우 후안잉
  인기 있다, 환영 받다

- 红 hóng 훙 [형] 인기가 있다, 번창하다

- 流行 liúxíng 리우싱 [형] [동] 유행하다

- 有名 yǒumíng 여우밍 [형] 유명하다, 명성이 높다

- 著名 zhùmíng 주밍 [형] 유명하다, 저명하다

- 闻名 wénmíng 원밍 [형] 유명하다
  [동] 명성을 듣다

- 名声 míngshēng 밍성 [명] 명성
  = 名气 míngqì 밍치

- 名人 míngrén 밍런 [명] 유명 인사

- 明星 míngxīng 밍싱 유명 연예인, 스타

- 傍名人 bàng míngrén 빵 밍런
  [신] 출세를 위해 유명 인사와 관계를 유지하는 것

- 无名 wúmíng 우밍 [형] 무명이다, 이름이 잘 알려지지 않다

- □ 气派 qìpài 치파이 명 풍채, 기품
  형 근사하다, 당당하다

- □ 雄伟 xióngwěi 시웅웨이
  형 웅대하고 위세가 넘치다

- □ 历史 lìshǐ 리스 명 역사

- □ 历史性 lìshǐxìng 리스싱 명 역사성

- □ 商业 shāngyè 상이에 명 상업, 비즈니스

- □ 商业性 shāngyèxìng 상이에싱 명 상업성

- □ 艺术 yìshù 이수 명 예술 형 예술적이다

- □ 艺术性 yìshùxìng 이수싱 명 예술성

- □ 推荐 tuījiàn 투이지엔 동 추천하다

- □ 旅游项目 lǚyóu xiàngmù 뤼여우 시앙무
  여행 프로그램

- 一日游 yíriyóu 이르여우 당일치기 여행

- 半日游 bànrìyóu 빤르여우 반나절 투어

- 全天游 quántiānyóu 취엔티엔여우 종일 투어

- 巡游 xúnyóu 쉰여우 동 유람하다, 크루즈하다

- 地方 dìfang 띠팡 명 장소, 곳

- 地方 dìfāng 띠팡 명 (중앙 도시에 대하여) 지방

- 目的地 mùdìdì 무띠띠 명 목적지

- 路 lù 루 명 길, 도로

- 大街 dàjiē 따지에 명 대로, 큰길
  = 街道 jiēdào 지에따오
  = 大道 dàdào 따따오

□ 城市 chéngshì 청스 명 도시

□ 都市 dūshì 뚜스 명 대도시

□ 市内 shìnèi 스네이 명 시내

□ 乡镇 xiāngzhèn 시앙전 명 소도시

□ 村 cūn 춘 명 촌락, 마을
 = 村子 cūnzi 춘쯔

□ 乡下 xiāngxià 시앙시아 명 시골, 농촌
 = 乡村 xiāngcūn 시앙춘

□ 山 shān 산 명 산

□ 江 jiāng 지앙 명 강
 = 河 hé 허

□ 川 chuān 추안 명 하천

□ 川流不息 chuānliúbùxī 추안리우뿌시
 성 (행인·차량이) 끊임없이 오가다

- 溪 xī 시 명 시내

- 小河 xiǎohé 샤오허 명 시내, 개울

- 湖 hú 후 명 호수
  = 湖泊 húpō 후포

- 池 chí 츠 명 못, 늪

- 海 hǎi 하이 명 바다
  = 大海 dàhǎi 따하이

- 海洋 hǎiyáng 하이양 명 해양, 바다

- 海滨 hǎibīn 하이삔 명 해변, 바닷가
  = 海边 hǎibian 하이비엔

- 沙滩 shātān 사탄 명 모래사장

- 入场 rùchǎng 루창 동 입장하다
  = 进场 jìnchǎng 진창

□ 入口 rùkǒu 루커우 [명] 입구

□ 门票 ménpiào 먼퍄오 [명] 입장권

□ 进场费 jìnchǎngfèi 진창페이 입장료
   = 入场费 rùchǎngfèi 루창페이
   = 门票费 ménpiàofèi 먼퍄오페이

□ 出去 chūqù 추취 [동] 나가다

□ 退出 tuìchū 투이추 [동] 퇴장하다; 회원탈퇴하다

□ 出口 chūkǒu 추커우 [명] 출구

□ 距离 jùlí 쥐리 [명] 거리, 간격

□ 远 yuǎn 위엔 [형] 멀다

□ 近 jìn 진 [형] 가깝다

□ 照相 zhàoxiàng 자오시앙 [동] 사진을 찍다
   = 拍照 pāizhào 파이자오

- [ ] 自拍 zìpāi 쯔파이 셀프 카메라

- [ ] 自拍杆 zìpāigān 쯔파이깐 셀카봉

- [ ] 礼物 lǐwù 리우 명 선물
  = 礼品 lǐpǐn 리핀

- [ ] 纪念品 jìniànpǐn 지니엔핀 명 기념품

- [ ] 明信片 míngxìnpiàn 밍신피엔 명 우편엽서

- [ ] 钥匙环 yàoshihuán 야오스후안
  명 열쇠고리

- [ ] 特产品 tèchǎnpǐn 터찬핀 명 특산물

- [ ] 土产 tǔchǎn 투찬 명 토산품
  = 土产品 tǔchǎnpǐn 투찬핀

- [ ] 大使馆 dàshǐguǎn 따스구안 명 대사관

第二十四单元 사고 & 사건
事故和事件 스꾸 허 스지엔

MP3. U24

□ 事故 shìgù 스꾸 명 사고

□ 事件 shìjiàn 스지엔 명 사건
  = 案件 ànjiàn 안지엔

□ 伤害 shānghài 상하이 동 다치게 하다

□ 受伤 shòushāng 서우상 동 부상당하다

□ 伤损 shāngsǔn 상쑨 동 다치다, 손상되다

□ 痛苦 tòngkǔ 퉁쿠 명 고통, 아픔
  형 고통스럽다, 괴롭다

□ 难受 nánshòu 난서우 형 견딜 수 없다, 괴롭다

□ 艰难 jiānnán 지엔난 형 곤란하다, 힘들다

- □ 骨 gǔ 구 명 뼈
  = 骨头 gǔtou 구터우

- □ 骨折 gǔzhé 구저 동 골절되다

- □ 烫 tàng 탕 형 몹시 뜨겁다, 화상을 입다

- □ 烫伤 tàngshāng 탕상 명 화상
  동 화상을 입다
  = 烧伤 shāoshāng 사오상

- □ 冻伤 dòngshāng 뚱상 명 동상
  동 동상에 걸리다

- □ 划伤 huáshāng 후아상 동 긁히다, 베이다

- □ 割 gē 꺼 동 베다, 자르다

- □ 血 xuè 쉬에 명 피, 혈액

- □ 流血 liúxuè 리우쉬에 동 출혈하다

- □ 止血 zhǐxuè 즈쉬에 동 지혈하다

- 止血剂 zhǐxuèjì 즈쉬에지 지혈제

- 绷带 bēngdài 뻥따이 명 붕대

- 石膏绷带 shígāo bēngdài 스까오 뻥따이 명 깁스(석고붕대)

- 创可贴 chuàngkětiē 추앙커티에 명 반창고

- 急救 jíjiù 지지우 동 응급처치를 하다

- 急救包 jíjiùbāo 지지우빠오 명 구급상자

- 急救常识 jíjiù chángshí 지지우 창스 명 응급상식

- 急救措施 jíjiù cuòshī 지지우 추어스 응급조치

- 急诊 jízhěn 지전 명 응급진료

- 急诊室 jízhěnshì 지전스 명 응급실

- 救助 jiùzhù 지우주 동 구조하다
  = 拯救 zhěngjiù 정지우

- 救护车 jiùhùchē 지우후처 명 구급차

- 脑血管意外 nǎoxuèguǎn yìwài
  나오쉬에구안 이와이 명 뇌졸중
  = 中风 zhòngfēng 중펑 (脑血管意外의 낮은말)

- 癫痫 diānxián 띠엔시엔 명 간질
  = 羊角风 yángjiǎofēng 양쟈오펑 (癫痫의 낮은말)

- 心脏麻痹 xīnzāng mábì 신짱 마삐
  명 심장마비

- 心肺复苏 xīnfèi fùsū 신페이 푸쑤
  명 심폐소생술

- 窒息 zhìxī 즈시 동 질식하다, 질식시키다

- 晕倒 yūndǎo 윈다오 동 기절하여 쓰러지다, 졸도하다

- 昏厥 hūnjué 훈쥐에 동 의식을 잃다, 기절하다

- 治疗 zhìliáo 즈랴오 동 치료하다

- 恢复 huīfù 후이푸 동 회복하다

- 康复 kāngfù 캉푸 동 건강을 회복하다

- 警察 jǐngchá 징차 명 경찰

- 警察局 jǐngchájú 징차쥐 명 경찰서

- 派出所 pàichūsuǒ 파이추쑤어 명 파출소

- 陈述 chénshù 천수 동 진술하다

- 供词 gòngcí 꿍츠 명 자백, 진술

- 证词 zhèngcí 정츠 명 증언
  = 证言 zhèngyán 정이엔

- 证据 zhèngjù 정쥐 명 증거

- 凭据 píngjù 핑쮜 명 증거, 증거물

- 见证人 jiànzhèngrén 지엔정런 명 증인

- 目击者 mùjīzhě 무지저 명 목격자

- 犯人 fànrén 판런 명 범인, 죄인

- 疑犯 yífàn 이판 명 용의자, 피의자
  = 嫌犯 xiánfàn 시엔판

- 通知 tōngzhī 퉁즈 명 통지 동 통지하다

- 报告 bàogào 빠오까오 명 보고, 보고서
  동 보고하다

- 报警 bàojǐng 빠오징 동 경찰에 신고하다

- 违反 wéifǎn 웨이판 명 위반하다, 어기다

- 罪 zuì 쭈이 명 죄

- 犯罪 fànzuì 판쭈이 동 죄를 저지르다

- ☐ 有罪 yǒuzuì 여우쭈이 [동] 죄가 있다, 유죄이다

- ☐ 无罪 wúzuì 우쭈이 [동] 죄가 없다, 무죄이다

- ☐ 负罪感 fùzuìgǎn 푸쭈이간 [명] 죄책감

- ☐ 偷 tōu 터우 [동] 도둑질하다, 훔치다
  = 窃 qiè 치에

- ☐ 盗 dào 따오 [명] 도둑, 강도 [동] 훔치다, 도둑질하다

- ☐ 贼 zéi 쩨이 [명] 도둑
  = 盗贼 dàozéi 따오쩨이

- ☐ 窃贼 qièzéi 치에쩨이 [명] 도둑, 좀도둑
  = 小偷 xiǎotōu 샤오터우

- ☐ 盗窃 dàoqiè 따오치에 [동] 도둑질하다, 절도하다
  = 做贼 zuòzéi 쭈어쩨이

- ☐ 窃技 qièjì 치에지 [성] 도둑질하는 솜씨

- 强盗 qiángdào 치앙따오 ⃞명 강도

- 扒手 páshǒu 파서우 ⃞명 소매치기

- 骗子 piànzi 피엔쯔 ⃞명 사기꾼

- 骗 piàn 피엔 ⃞동 속이다, 기만하다
  = 诈 zhà 자

- 欺骗 qīpiàn 치피엔 ⃞동 속이다, 사기치다

- 诈骗 zhàpiàn 짜피엔 ⃞동 속이다, 갈취하다

- 上当 shàngdàng 상땅 ⃞동 속다,
  사기를 당하다
  = 受骗 shòupiàn 서우피엔

- 杀人 shārén 사런 ⃞동 살인하다

- 杀人犯 shārénfàn 사런판 ⃞명 살인범

- 凶手 xiōngshǒu 시웅서우 ⃞명 살인범, 흉악범

- 连环杀手 liánhuán shāshǒu
  리엔후안 사서우 연쇄살인범

- 走失 zǒushī 쩌우스
  [동] (사람이나 가축이) 행방불명이 되다, 실종되다
  = 失踪 shīzōng 스쫑

- 失踪者 shīzōngzhě 스쫑저 행방불명자, 실종자

- 去向不明 qùxiàng bùmíng 취시앙 뿌밍
  행방불명
  = 下落不明 xiàluò bùmíng 시아루어 뿌밍

- 迷路儿童 mílù értóng 미루 얼퉁 미아

- 寻人 xúnrén 쉰런 실종자를 찾다

- 丢 diū 띠우 [동] 분실하다, 잃어버리다
  = 丢失 diūshī 띠우스
  = 遗失 yíshī 이스

- 挂失 guàshī 꾸아스 [동] 분실신고를 하다

- 丢失物品 diūshī wùpǐn 띠우스 우핀 분실물
  = 遗失物品 yíshī wùpǐn 이스 우핀

- 失物招领处 shīwù zhāolǐngchù
  스우 자오링추 분실물 보관소

- 交通事故 jiāotōng shìgù 쟈오퉁 스꾸
  교통사고
  = 车祸 chēhuò 처후어

- 碰 pèng 펑 [동] 충돌하다, 부딪치다
  = 撞 zhuàng 주앙

- 相撞 xiāngzhuàng 시앙주앙 [동] 충돌하다

- 冲突 chōngtū 충투 [명] 충돌 [동] 충돌하다

- 超车 chāochē 차오처 [동] (앞차를) 추월하다

- 超速 chāosù 차오쑤 [동] 과속하다

- 拖吊车 tuōdiàochē 투어땨오처 견인차

- 逃走 táozǒu 타오쩌우 동 도망치다, 달아나다
  = 逃亡 táowáng 타오왕
  = 逃逸 táoyì 타오이

- 半夜逃走 bànyè táozǒu 빤이에 타오쩌우
  야반 도주

- 救生员 jiùshēngyuán 지우성위엔
  명 인명 구조 요원

- 淹死 yānsǐ 이엔쓰 동 익사하다
  = 溺死 nìsǐ 니쓰

- 滑 huá 후아 형 미끄럽다 동 미끄러지다

- 冰面 bīngmiàn 삥미엔 빙판

- 火灾 huǒzāi 후어짜이 명 화재

- 着火 zháohuǒ 자오후어 동 불나다

- 救火车 jiùhuǒchē 지우후어처 명 소방차

- 消防站 xiāofángzhàn 샤오팡잔 소방서

- 灾难 zāinàn 짜이난 명 재난, 재해
  = 灾害 zāihài 짜이하이

- 自然灾难 zìrán zāinàn 쯔란 짜이난
  자연 재난

- 雪崩 xuěbēng 쉬에뻥 명 눈사태

- 山崩 shānbēng 산뻥 명 산사태

- 山体滑坡 shāntǐ huápō 산티 후아포
  산사태가 나다

- 地震 dìzhèn 띠전 명 지진

- 海啸 hǎixiào 하이샤오 명 해일, 쓰나미

第二十五单元 숫자
数字 수쯔

MP3. U25

- 数字 shùzì 수쯔 명 숫자

- 基数 jīshù 지수 명 기수
  = 基本数字 jīběn shùzì 지번 수쯔

☐ 零 líng 링 수 0, 영

☐ 一 yī 이 수 1, 일, 하나
  갖은자 壹 yī 이

☐ 二 èr 얼 수 2, 이, 둘
  갖은자 贰 èr 얼
  = 两 liǎng 리앙

☐ 三 sān 싼 수 3, 삼, 셋
  갖은자 叁 sān 싼

☐ 四 sì 쓰 수 4, 사, 넷
  갖은자 肆 sì 쓰

- □ 五 wǔ 우 ㈜ 5, 오, 다섯
  갖은자 伍 wǔ 우

- □ 六 liù 리우 ㈜ 6, 육, 여섯
  갖은자 陆 liù 리우

- □ 七 qī 치 ㈜ 7, 칠, 일곱
  갖은자 柒 qī 치

- □ 八 bā 빠 ㈜ 8, 팔, 여덟
  갖은자 捌 bā 빠

- □ 九 jiǔ 지우 ㈜ 9, 구, 아홉
  갖은자 玖 jiǔ 지우

- □ 十 shí 스 ㈜ 10, 십, 열
  갖은자 拾 shí 스

- □ 十一 shíyī 스이 ㈜ 11, 십일, 열하나

- □ 十二 shí'èr 스얼 ㈜ 12, 십이, 열둘

- 十三 shísān 스싼 ㊜ 13, 십삼, 열셋

- 十四 shísì 스쓰 ㊜ 14, 십사, 열넷

- 十五 shíwǔ 스우 ㊜ 15, 십오, 열다섯

- 十六 shíliù 스리우 ㊜ 16, 십육, 열여섯

- 十七 shíqī 스치 ㊜ 17, 십칠, 열일곱

- 十八 shíbā 스빠 ㊜ 18, 십팔, 열여덟

- 十九 shíjiǔ 스지우 ㊜ 19, 십구, 열아홉

- 二十 èrshí 얼스 ㊜ 20, 이십, 스물

- 二十一 èrshíyī 얼스이 ㊜ 21, 이십일, 스물하나

- 二十二 èrshí'èr 얼스얼 ㊜ 22, 이십이, 스물둘

- 二十三 èrshísān 얼스싼 ㊜ 23, 이십삼, 스물셋

- 二十四 èrshísì 얼스쓰 ㊜ 24, 이십사, 스물넷

- 二十五 èrshíwǔ 얼스우 ㈜ 25, 이십오, 스물다섯

- 二十六 èrshíliù 얼스리우 ㈜ 26, 이십육, 스물여섯

- 二十七 èrshíqī 얼스치 ㈜ 27, 이십칠, 스물일곱

- 二十八 èrshíbā 얼스빠 ㈜ 28, 이십팔, 스물여덟

- 二十九 èrshíjiǔ 얼스지우 ㈜ 29, 이십구, 스물아홉

- 三十 sānshí 싼스 ㈜ 30, 삼십, 서른

- 四十 sìshí 쓰스 ㈜ 40, 사십, 마흔

- 五十 wǔshí 우스 ㈜ 50, 오십, 쉰

- 六十 liùshí 리우스 ㈜ 60, 육십, 예순

- 七十 qīshí 치스 ㊄ 70, 칠십, 일흔

- 八十 bāshí 빠스 ㊄ 80, 팔십, 여든

- 九十 jiǔshí 지우스 ㊄ 90, 구십, 아흔

- 一百 yìbǎi 이바이 ㊄ 100, 백
  [갖은자] 佰 bǎi 바이

- 一百零一 yìbǎi líng yī 이바이 링 이
  ㊄ 101, 백일

- 一百零二 yìbǎi líng èr 이바이 링 얼
  ㊄ 102, 백이

- 一百零三 yìbǎi líng sān 이바이 링 싼
  ㊄ 103, 백삼

- 一百零四 yìbǎi líng sì 이바이 링 쓰
  ㊄ 104, 백사

- [ ] 一百零五 yìbǎi líng wǔ 이바이 링 우
  ㊗ 105, 백오

- [ ] 一百一十 yìbǎi yìshí 이바이 이스
  ㊗ 110, 백십
  = 一百一 yìbǎi yī 이바이 이

- [ ] 一百一十一 yìbǎi yìshíyī 이바이 이스이
  ㊗ 111, 백십일

- [ ] 一百一十二 yìbǎi yìshí'èr 이바이 이스얼
  ㊗ 112, 백십이

- [ ] 一百二十 yìbǎi èrshí 이바이 얼스
  ㊗ 120, 백이십

- [ ] 一百三十 yìbǎi sānshí 이바이 싼스
  ㊗ 130, 백삼십

- [ ] 两百 liǎngbǎi 리앙바이 ㊗ 200, 이백
  = 二百 èrbǎi 얼바이

- □ 三百 sānbǎi 싼바이 ㊒ 300, 삼백

- □ 九百 jiǔbǎi 지우바이 ㊒ 900, 구백

- □ 九百九十九 jiǔbǎi jiǔshíjiǔ
  지우바이 지우스지우 ㊒ 999, 구백구십구

- □ 一千 yìqiān 이치엔 ㊒ 1,000, 천
  [같은자] 仟 qiān 치엔

- □ 一千零一 yìqiān líng yī 이치엔 링 이
  ㊒ 1,001, 천일

- □ 一千零一十 yìqiān líng yìshí
  이치엔 링 이스 ㊒ 1,010, 천십

- □ 一千零一十一 yìqiān líng yìshíyī
  이치엔 링 이스이 ㊒ 1,011, 천십일

- □ 一千零一十二 yìqiān líng yìshí'èr
  이치엔 링 이스얼 ㊒ 1,012, 천십이

- □ 一千一百 yìqiān yìbǎi 이치엔 이바이
  - 수 1,100, 천백

- □ 一千两百 yìqiān liǎngbǎi 이치엔 리앙바이
  - 수 1,200, 천이백
  - = 一千二百 yìqiān èrbǎi 이치엔 얼바이

- □ 一千九百 yìqiān jiǔbǎi 이치엔 지우바이
  - 수 1,900, 천구백

- □ 两千 liǎngqiān 리앙치엔 수 2,000, 이천

- □ 三千 sānqiān 싼치엔 수 3,000, 삼천

- □ 九千 jiǔqiān 지우치엔 수 9,000, 구천

- □ 一万 yíwàn 이완 수 10,000, 만

- □ 十万 shíwàn 스완 수 10만, 십만

- □ 一百万 yìbǎiwàn 이바이완 수 100만, 백만

□ 一千万 yìqiānwàn 이치엔완 ㈜ 1,000만, 천만

□ 一亿 yíyì 이이 ㈜ 1억, 일억
= 一万万 yíwànwàn 이완완

□ 十亿 shíyì 스이 ㈜ 10억, 십억

■ 序数 xùshù 쉬수 서수

□ 第一 dìyī 띠이 ㈜ 첫 번째

□ 第二 dì'èr 띠얼 ㈜ 두 번째

□ 第三 dìsān 띠싼 ㈜ 세 번째

□ 第四 dìsì 띠쓰 ㈜ 네 번째

□ 第五 dìwǔ 띠우 ㈜ 다섯 번째

□ 第六 dìliù 띠리우 ㈜ 여섯 번째

□ 第七 dìqī 띠치 ㈜ 일곱 번째

- 第八 dìbā 띠빠 ㈜ 여덟 번째

- 第九 dìjiǔ 띠지우 ㈜ 아홉 번째

- 第十 dìshí 띠스 ㈜ 열 번째

第二十六单元 위안 (元 YUAN)
人民币 런민삐

MP3. U26

□ 一分 yì fēn 이 펀 1펀

□ 二分 èr fēn 얼 펀 2펀

□ 五分 wǔ fēn 우 펀 5펀

□ 一角 yì jiǎo 이 쟈오 1쟈오
  = 一毛 yì máo 이 마오

□ 二角 èr jiǎo 얼 쟈오 2쟈오
  = 二毛 èr máo 얼 마오

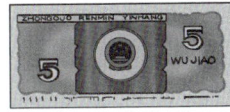

- 五角 wǔ jiǎo 우 쟈오 5쟈오
  = 五毛 wǔ máo 우 마오

- 一元 yì yuán 이 위엔 1위안
  = 一块 yí kuài 이 콰이

☐ 五元 wǔ yuán 우 위엔 5위안
= 五块 wǔ kuài 우 콰이

 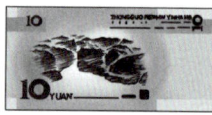

☐ 十元 shí yuán 스 위엔 10위안
= 十块 shí kuài 스 콰이

☐ 二十元 èrshí yuán 얼스 위엔 20위안
= 二十块 èrshí kuài 얼스 콰이

- 五十元 wǔshí yuán 우스 위엔 50위안
 = 五十块 wǔshí kuài 우스 콰이

- 一百元 yìbǎi yuán 이바이 위엔 100위안
 = 一百块 yìbǎi kuài 이바이 콰이

오늘부터 쉽게! 즐겁게! 만만하게!
다시 시작하는 **하루 3분 영어**

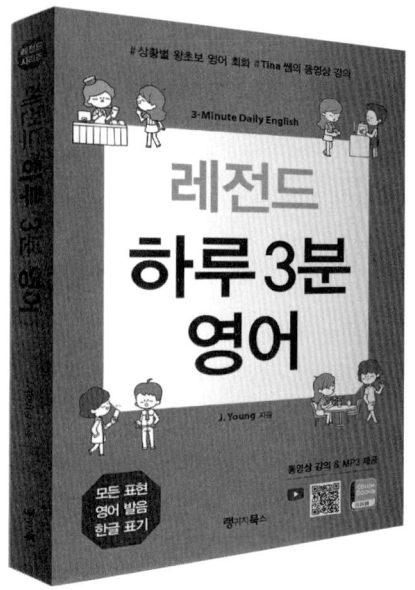

핵심을 짚어 주는 **원포인트 영어!**
3분 동영상 강의로 **보고 듣는 영어!**
바로 보고 이해하는 **그림 영어!**